Andreas Lindemann   Der Kolosserbrief

Zürcher Bibelkommentare

herausgegeben von Hans Heinrich Schmid und Siegfried Schulz

Andreas Lindemann

Der Kolosserbrief

TVZ   **Theologischer Verlag Zürich**

CIP-Kurztitelaufnahme der Deutschen Bibliothek

Lindemann, Andreas:
Der Kolosserbrief / Andreas Lindemann. –
Zürich: Theologischer Verlag, 1983.
(Zürcher Bibelkommentare: NT; 10)
ISBN 3-290-14732-0
NE: Zürcher Bibelkommentare / NT

© 1983 by Theologischer Verlag Zürich
Typographische Anordnung von Max Caflisch
Printed in Germany by Buch- und Offsetdruckerei Sommer, Feuchtwangen

Inhaltsverzeichnis

Vorwort 7

Vorbemerkungen 9
1. Die Abfassungsverhältnisse des Kolosserbriefes 9
2. Die Auslegung des Kolosserbriefes 12
3. Die Gliederung des Kolosserbriefes 14

Kommentar
1,1–8   Briefeingang 15
1,1–2   Absender, Empfänger, Gruß 15
1,3–8   Dank für die guten Verhältnisse in Kolossä 17

1,9–2,23   Erster Hauptteil: Die Gegenwart der Christuswirklichkeit . . 20
1,9–11   Fürbitte für die Briefempfänger 20
1,12–14   Dankt Gott für seine Heilstat in Christus! 22
1,15–20   Der Hymnus: Christus als das Bild Gottes 24
1,21–23   Versöhnung und Glaube 31
1,24–29   Die Offenbarung des Geheimnisses 33
2,1–5   Der Kampf des Apostels für die Christen in Kolossä und in
             Laodicea 35
2,6–15   Christus allein! 38
2,16–19   Zuversicht im Kampf gegen die Irrlehre 46
2,20–23   Mit Christus gestorben 50

3,1–4,6   Zweiter Hauptteil: Die Christuswirklichkeit im Leben der
           Christen 52
3,1–4   «Strebt nach dem, was oben ist!» 52
3,5–11   Der alte Mensch und der neue Mensch 54
3,12–17   Die Wirklichkeit des neuen Lebens 59
3,18–4,1   Die Haustafel: Weisung für den Alltag der Christen 63
4,2–6   Haltet fest am Gebet und wandelt in Weisheit! 69

4,7–18   Schluß des Briefes 71
4,7–9   Persönliche Mitteilungen 71
4,10–14   Grüße der Paulusbegleiter 73
4,15–17   Grüßt die Christen in Laodicea! 76
4,18   Der eigenhändige Gruß 78

Nachbemerkungen 79
1. Die Stellung urchristlicher Gemeinden in ihrer Umwelt . . 79
2. Die Lehre der im Kolosserbrief bekämpften Gegner 81
3. Der Protest des Kolosserbriefes gegen die «kolossische Philosophie» 86

Literaturverzeichnis 90
Stellenregister 91
Stichwortregister 95

Vorwort

Der Kolosserbrief steht immer ein wenig im Schatten seines «größeren», wenn auch jüngeren Bruders, jener Schrift, die uns als Brief an die Epheser überliefert ist. Nicht selten werden beide Bücher gemeinsam interpretiert, als stammten sie vom selben Verfasser und als würden sie sich gegenseitig ergänzen. Zwar folgen auch die Zürcher Bibelkommentare der Praxis, die Auslegung beider Briefe demselben Exegeten zu übertragen. Ich habe mich aber darum bemüht, den Kolosserbrief aus sich selbst heraus zu verstehen und ihn nicht vom Epheserbrief her zu deuten. Die sich dabei ergebenden und für mich zum Teil sehr überraschenden theologischen Einsichten haben ihren Niederschlag in der Beobachtung gefunden, daß deutliche Parallelen bestehen zwischen der Theologie bzw. Christologie des Kolosserbriefes und dem Christusbekenntnis der Barmer Erklärung von 1934. Es darf allerdings nicht übersehen werden, daß sich der Irrtum der einstigen «kolossischen Häresie» nicht nur in der Irrlehre der «Deutschen Christen» wiederholt hat; vielmehr zeigt sich hier der Grundtypus einer stets drohenden Gefährdung des christlichen Glaubens: Das Bemühen, das Christusbekenntnis einzubinden in weltliche (oder religiöse) Ideologien, wodurch Christus zum bloßen Etikett eines im übrigen ganz anders begründeten Programms gemacht wird. Daß der Kolosserbrief davor so vehement warnt, macht ihn aktuell für jede kirchengeschichtliche Epoche.

Danken möchte ich an dieser Stelle meinem Kollegen Helmut Krämer, der es auf sich nahm, meine Textübersetzung zu korrigieren. Zu danken habe ich auch Herrn Dr. Heinz-Hermann Brandhorst für mancherlei Ratschläge und Hinweise; er hat mir außerdem bei den Korrekturen geholfen und die Register angefertigt.

Bethel, den 20. Januar 1983   Andreas Lindemann

Vorbemerkungen

1. Die Abfassungsverhältnisse des Kolosserbriefes

Wer sich vornimmt, einen der im Neuen Testament überlieferten Briefe des Apostels Paulus zu lesen und im einzelnen auszulegen, der wird im allgemeinen von der Annahme ausgehen, daß der betreffende Brief tatsächlich von Paulus stammt. Unter dieser Voraussetzung wird er versuchen, die *äußeren Bedingungen der Entstehung* des Briefes so genau wie irgend möglich zu bestimmen, um den Brief so zunächst in seinem ursprünglichen Rahmen zu verstehen und von daher dann auch für die Gegenwart deuten zu können: *Wann* und *wo* hat Paulus den Brief verfaßt, d. h. in welcher *Lage* befand er sich, als er den Brief schrieb? Was wissen wir über die *Empfänger*? Welche *Beziehungen* bestanden zwischen ihnen und dem Apostel? Läßt sich der unmittelbare *Anlaß* erkennen, weshalb Paulus gerade diesen Empfängern gerade diesen Brief geschickt hat? Je präziser diese Fragen beantwortet werden – unter Umständen auch so, daß wir die Grenzen unseres Wissens eingestehen –, umso eher ist ein wirkliches Verstehen eines paulinischen Briefes (und im Grunde natürlich: eines jeden Briefes) möglich.

a) Im Fall des Kolosserbriefes sieht es auf den ersten Blick so aus, als ließen sich die am Anfang gestellten Fragen verhältnismäßig einfach beantworten. Da Paulus sich in *Gefangenschaft* befindet (4,3.10.18), kommen aufgrund der Angaben der Apostelgeschichte als Orte der Abfassung entweder die syrische Stadt Caesarea (Apg. 24–26) oder aber die Hauptstadt Rom (Apg. 28,16–31) in Betracht. Der Kolosserbrief scheint am selben Ort und etwa zur selben Zeit geschrieben worden zu sein wie die anderen «Gefangenschaftsbriefe», die sich an die Philipper, an Philemon und an die Epheser richten. Er gehört auf jeden Fall in die letzte Phase der Wirksamkeit des Paulus.

Unsere Kenntnisse über die *Empfänger des Briefes* sind ziemlich gering: Die Stadt *Kolossä* lag im Tal des Flusses Lykus im Südwesten der kleinasiatischen Halbinsel, etwa 170 km Luftlinie östlich von Ephesus. In alter Zeit war die Stadt ein bedeutsamer Handelsplatz gewesen, vor allem für die landwirtschaftlichen Erzeugnisse jener Region, zu denen beispielsweise eine geradezu sprichwörtliche schwarze Schafwolle gehörte. Seit dem 1. vorchristlichen Jahrhundert aber ging die Bedeutung Kolossäs immer mehr zurück – das viel später gegründete benachbarte Laodicea lief ihm den Rang ab. Über die *christliche Gemeinde* von Kolossä wissen wir nur das Wenige, was der Brief selbst an Informationen enthält: Sie war gegründet worden von Epaphras (vgl. Kol. 1,7), einem Mitarbeiter des Paulus (vgl. Phlm. 23), der – ebenso wie offenbar Onesimus, um dessentwillen der Philemonbrief geschrieben worden war – aus Kolossä stammte (4,8.12). Zwischen den Gemeinden von Kolossä und Laodicea bestand wohl eine recht enge Verbindung, auf die der Brief mehrfach hinweist (2,1; 4,15.16).

Welche direkten *Beziehungen* gab es zwischen den Christen von Kolossä und dem Apostel Paulus? Anscheinend gar keine. Paulus war niemals in Kolossä; und er äußert in dem Brief auch nicht die Absicht, dort irgendwann einmal einen Besuch zu machen. Sein Wissen über die Lage der kolossischen Gemeinde beschränkt sich auf das, was er durch Epaphras erfahren hat (1,7f.): Noch ist in Kolossä alles in Ordnung (1,3–8); aber es gibt einen unheilvollen Einfluß, dem die angeredeten Christen anscheinend allmählich zu unterliegen drohen (2,8.16.18f.). Ihnen in dieser Situation den Rücken zu stärken, ist offenbar die *Absicht*, die Paulus mit der Abfassung des Kolosserbriefes verbindet.

Faßt man diese Beobachtungen zusammen, so kann man sagen: Der Kolosserbrief wurde um das Jahr 60 in Rom (oder allenfalls wenig früher in Caesarea) geschrieben, nachdem der gefangene Apostel durch Epaphras Nachrichten über Kolossä erhalten hatte, die ihm ein sofortiges Eingreifen als ratsam erscheinen ließen. Da an eine Reise nach Kleinasien nicht zu denken war, schrieb Paulus einen Brief nach Kolossä, in dem er zu den dort anstehenden Problemen und Konflikten Stellung nahm und zugleich Epaphras, den Gründer der Gemeinde, als seinen Vertrauten geradezu «beglaubigte», um damit dessen Einfluß in Kolossä zu festigen (4,12f.).

b) Dies wären die Abfassungsverhältnisse des Kolosserbriefes, wenn man annimmt, daß der Brief tatsächlich von Paulus geschrieben wurde. Daran bestehen aber erhebliche Zweifel. Nahezu alle Forscher am Neuen Testament stimmen überein, daß sich unter den dreizehn neutestamentlichen Paulusbriefen einige befinden, die mit großer Wahrscheinlichkeit nicht vom Apostel stammen, sondern von einem seiner Schüler oder möglicherweise sogar von einem noch später schreibenden Autor verfaßt wurden. Zu diesen in ihrer «*Echtheit*» umstrittenen Paulusbriefen zählen neben dem 2. Thessalonicherbrief und den sog. Pastoralbriefen an Timotheus und Titus auch der Kolosser- und der Epheserbrief.

Für die Annahme, daß der als Brief des Paulus an die Kolosser verfaßte und überlieferte Brief «unecht» ist, spricht eine ganze Reihe von Gründen. In der Auslegung wird immer wieder darauf hingewiesen werden; doch sollen die wichtigsten Beobachtungen schon hier genannt werden. Auffällig ist *erstens* der von allen anderen paulinischen Briefen (ausgenommen der Epheserbrief) erheblich abweichende sprachliche *Stil*; man erkennt insbesondere eine Vorliebe für übermäßig lange Sätze (so in 1,3–8 oder in 3,9–11) und für die kettenartige Aneinanderreihung mehrerer sinnverwandter oder sinngleicher Worte (so beispielsweise in 2,2). Im Kolosserbrief fehlt, im Unterschied zu allen unbestritten echten Paulusbriefen, die Anrede «Brüder!», was wohl nicht einfach Zufall sein kann. Nun sind derartige sprachliche Beobachtungen allein natürlich noch nicht ausreichend, um Paulus den Brief abzusprechen: Es wäre ja immerhin möglich, daß die besondere Situation den Apostel dazu veranlaßt hat, sich gewundener und komplizierter auszudrücken, als es sonst bei ihm üblich war. Gewichtiger sind deshalb *zweitens* die *sachlichen Abweichungen* von den anderen Briefen. So fehlt im Kolosserbrief zum Beispiel jeder Hinweis auf das theologische Thema «*Rechtfertigungslehre*», was besonders im Zusammenhang des Abschnitts 2,11–15 überaus erstaunlich ist. Es fehlt jede Bezugnahme auf das *Gesetz* und jede ausdrückliche Anspielung auf das *Alte Testament* – beides Themen, die gerade in den späten Paulusbriefen eine grundlegende Rolle spielen. Bestimmte, aus den Paulusbriefen bekannte *Begriffe und Bilder* haben im Kolosserbrief eine veränderte Bedeutung erhalten: So kennt dieser Brief zwar das in 1. Kor. 12 und in Röm. 12 gebrauchte Bild von der Kirche als dem «*Leib Christi*», dessen Glieder die Christen sind; aber er enthält nun zusätzlich den Gedanken, daß Christus das «Haupt» des Leibes ist. Christus ist nach Kol. 1,18; 2,19 das Haupt der Kirche; er ist aber nach 2,10 auch das Haupt der Welt. Bei Paulus selbst war im Zusammenhang des Bildes vom «Leib» das Haupt einfach eines der Glieder des Leibes gewesen (1. Kor. 12,21). – Verschoben hat sich im Kolosserbrief auch der Sinn des Begriffs «Hoffnung»: Hoffnung richtet sich nicht, wie sonst bei Paulus (vgl. Röm. 5,2–5), auf Zukünftiges; sondern Hoffnung ist für den Kolosserbrief etwas, was gegenwärtig schon im Himmel für uns bereitliegt (1,5). Ein Unterschied, ja geradezu ein Gegensatz zu Paulus besteht in diesem Zusammenhang vor allem darin, daß der Kolosserbrief sagen kann, die Christen seien zusammen *mit Christus* bereits von den Toten *auferweckt* worden (2,12f.; 3,1); bei Paulus hatte es demgegenüber geheißen, daß die Christen in der Taufe «zusammen mit Christus gestorben» sind und nun daran glauben, daß sie *zukünftig* auch zusammen *mit ihm leben* werden (Röm. 6,8). Ungewöhnlich, verglichen mit den unbestritten echten Paulusbriefen, ist schließlich *drittens* das *Bild des Apostels* selber, das uns im Kolosserbrief entgegentritt. Viel stärker als im Philipper- und im Philemonbrief wird die Gefangenschaft hervorgehoben, in der sich Paulus befindet. In 1,24 kann der Paulus des Kolosserbriefes sogar von sich selbst sagen, er «fülle in seinen Leiden das auf, was an den Christus entsprechenden Trübsalen noch fehlt» (siehe dazu die Auslegung unten S. 33f.); das ist eine Vorstellung von der Rolle des Apostels für die Kirche, wie sie bei Paulus selbst niemals begegnet.

Derartige Beobachtungen haben die Mehrzahl der Forscher veranlaßt, anzunehmen, daß der Kolosserbrief nicht von Paulus stammt. Allerdings wird gelegentlich vermutet, ein Mitarbeiter des Apostels, etwa Timotheus (vgl. 1,1), habe den Brief formuliert; Paulus selbst habe ihn dann durch seine «Unterschrift» (4,18) im Nachhinein gleichsam anerkannt. Aber das ist ganz unwahrscheinlich: Warum sollte Paulus das eigentümliche theologische Denken des Briefes nicht nur akzeptiert, sondern ausdrücklich als von ihm selbst stammend angegeben haben (1,1; 1,24; 2,1.4; 4,7), während in Wahrheit Timotheus Verfasser des Briefes war? Sehr viel mehr spricht für die Annahme, daß der Brief erst nach dem Tode des Paulus geschrieben wurde – vielleicht von einem seiner einstigen Mitarbeiter, der sich darum bemühte, den Brief so abzufassen, wie ihn seiner Meinung nach Paulus selbst in dieser Situation geschrieben haben würde. *Wer* dieser Autor war, läßt sich nicht sagen. Schwer zu bestimmen ist auch, *wann* der Brief verfaßt wurde; üblicherweise meint man, dies sei in der Zeit zwischen etwa 70 und 80 n. Chr. geschehen. Hier liegt natürlich eine große Unsicherheit. Immerhin kann man annehmen, daß der älteste «unechte» Paulusbrief kaum unmittelbar nach dem Tode des Apostels (ca. 60/62 n. Chr.) verfaßt wurde. Andererseits hat es zur Zeit des römischen Kaisers Domitian in Kleinasien offenbar Christenverfolgungen gegeben (vgl. Off. 13; 1. Petr. 4,12–19), wovon aber im Kolosserbrief nichts zu erkennen ist – auch nicht in der Form, daß «Paulus» die Briefempfänger etwa auf «künftige» Leiden vorbereitet. Letztlich wird man über die Vermutung, der Brief sei irgendwann in der Zeit zwischen den Jahren 65 und 80 n. Chr. geschrieben worden, wohl nicht hinauskommen. *Wo* der Brief entstand, läßt sich ebenfalls kaum mit Gewißheit sagen. Die Erwähnung der Städte Kolossä (1,2), Laodicea (2,1; 4,13.15.16) und Hierapolis (4,13) legt aber die Annahme nahe, daß der Brief in deren unmittelbarer Umgebung, also im südwestlichen Kleinasien (die drei genannten Städte lagen im Tal des Flusses Lykus) geschrieben wurde.

2. Die Auslegung des Kolosserbriefes

Man könnte gegenüber dem bisher Gesagten einwenden, daß das Problem der «Echtheit» oder «Unechtheit» eines Paulusbriefes vielleicht für den Historiker von Interesse ist, daß es aber für die Auslegung des Briefes im Grunde nur geringe Bedeutung besitzt. Wir kennen ja bei keinem der vier neutestamentlichen Evangelien den Verfasser; und dennoch ist es möglich, sie auszulegen, ihr theologisches Denken zu verstehen. Warum sollte es bei einem als Paulusbrief überlieferten Text so ganz anders sein?

Die Frage, ob der Kolosserbrief von Paulus stammt oder nicht, ist aber keineswegs lediglich für den Geschichtsforscher interessant. Die Antwort auf diese Frage hat im Gegenteil unmittelbare Konsequenzen für die theologische Auslegung. Will man einen «echten» Paulusbrief verstehen, so darf und muß man die anderen paulinischen Briefe mit heranziehen – beispielsweise den Galaterbrief für die Erklärung des Römerbriefes (und umgekehrt). Selbst wenn sich der Ausleger gleichsam in die ursprünglichen Leser hineinversetzt und nachzuvollziehen versucht, wie sie Paulus verstanden haben müssen (die Empfänger des Römerbriefes kannten eben nur diesen einen Brief, keinen anderen), so kann er ja dabei nicht gleichsam «vergessen», daß er selbst eben doch nicht nur den Römerbrief, sondern auch andere Briefe des Apostels kennt, und daß diese ihm helfen, den Römerbrief besser zu verstehen. Wenn aber nun der Kolosserbrief nicht von Paulus stammt, sondern von einem Späteren, dann ist er wahrscheinlich das einzige uns erhaltene Zeugnis des theologischen Denkens seines Verfassers. Wir haben mithin nur die Möglichkeit, den Brief aus sich selbst heraus zu verstehen und können allenfalls danach fragen, wo er denn mit Paulus übereinstimmt und wo er umgekehrt sich bewußt oder unbewußt von ihm unterscheidet. Gewiß hat der Verfasser des Kolosserbriefes einen oder sogar mehrere Briefe des Paulus gekannt; aber man darf nicht versuchen, sein theologisches Denken und die Aussagen des Paulus aneinander anzugleichen oder miteinander zu vermitteln. Man muß vielmehr vor allem die Unterschiede zwischen beiden herausarbeiten, um den eigenen Ort des Kolosserbriefes richtig zu erfassen. Aus diesem Grunde ist in der folgenden Auslegung nicht der Weg gewählt worden, die Entscheidung über die Verfasserfrage erst im Zuge der Auslegung zu fällen; sondern es wird aufgrund der im vorigen Abschnitt genannten Beobachtungen davon ausgegangen, daß der Brief nicht von Paulus stammt. Unter dieser Voraussetzung, die sich freilich immer wieder am Text selbst bewähren muß, wird der Brief von Anfang an gesehen und ausgelegt.

Eines ist zu beachten: Wenn der Kolosserbrief tatsächlich nicht von Paulus geschrieben wurde, dann kann er kaum an die Gemeinde von Kolossä gerichtet gewesen sein. Um das Jahr 70 (oder womöglich noch später) wäre ein auf aktuelle Probleme Kolossäs eingehender Brief des Apostels Paulus, der bald nach 60 in Rom gestorben war, in Kolossä selbst wahrscheinlich sogleich als Fälschung erkannt worden. Der Brief warnt ja durchaus nicht vor erst «künftig» drohenden Gefahren, wie es etwa der Paulus der Abschiedsrede in Milet (Apg. 20,29f.) oder der Paulus des 1. Timotheusbriefes (4,1–3) tut. Er blickt überhaupt nicht in die Zukunft; sondern er bezieht sich auf gegenwärtige Auseinandersetzungen und läßt Paulus dazu Stellung nehmen. So ist «Kolossä» wohl nur eine Schein-Adresse: Die tatsächlich gemeinten

Leser sollten offenbar zwischen ihrer eigenen Lage und der im Brief dargestellten Situation «einst» in Kolossä Übereinstimmungen entdecken und auf diese Weise den Brief auf sich selbst beziehen. Die auffallend betonten Erwähnungen von *Laodicea* in 2,1 und vor allem in 4,15f., insbesondere die Anweisung, der Brief solle auch dort verlesen werden, lassen es als zumindest denkbar erscheinen, daß der Verfasser des Kolosserbriefes die dortige Gemeinde vor Augen hatte, als er seinen Brief «an die Kolosser» schrieb.

Für diese Annahme spricht auch, daß die Stadt Kolossä zur Zeit der Entstehung des Briefes sehr wahrscheinlich gar nicht mehr bestand. Sie war im Jahre 61 durch ein Erdbeben vernichtet worden; Zeugnisse für eine erneute Besiedlung gibt es frühestens erst etwa hundert Jahre später. Zwar hatte auch Laodicea unter jener Katastrophe schwer gelitten; doch hier begann man sogleich mit dem Wiederaufbau. Der römische Geschichtsschreiber Tacitus vermerkt anerkennend, daß die Bewohner dafür nicht einmal Hilfe von außen in Anspruch zu nehmen brauchte – so wohlhabend war die Stadt (Näheres siehe unten S. 74f. bei 4,13).

Kann der Autor des Kolosserbriefes wirklich der Meinung gewesen sein, die Christen von Laodicea würden Analogien zwischen ihrer Gemeinde und der von Kolossä sehen, sie würden «merken», daß die Lage «einst» in Kolossä mit ihrer eigenen laodicenischen Wirklichkeit im wesentlichen übereinstimmte? Wem dies unwahrscheinlich vorkommt, der mag daran denken, daß Paulus selbst im *Galaterbrief* ganz ähnlich vorgegangen war. Wenn er dort Verlauf und Ergebnis des sog. «Apostelkonzils» beschrieb (Gal. 2,1–10) und anschließend darstellte, wie er in Antiochia Petrus und den anderen Judenchristen entgegengetreten war (2,11–21), so tat er es nicht, um von längst Vergangenem zu berichten; vielmehr sollten die galatischen Christen merken, daß es damals in Jerusalem und in Antiochia auch um ihre eigene Sache gegangen war. Paulus behauptet dies sogar ausdrücklich (2,5), obwohl er doch zu jenem Zeitpunkt überhaupt noch nicht in Galatien gewesen war, es also noch gar keine galatischen Christengemeinden gab. Zugleich gebrauchte Paulus die Darstellung der Lehren seiner antiochenischen Gegner wie einen Spiegel, in dem die Galater sich selbst (und die in ihren Gemeinden aktiven antipaulinischen Missionare) wiedererkennen sollten und der sie vielleicht doch noch zur Umkehr veranlassen konnte. Nicht anders handelte der Verfasser unseres Briefes, als er die Situation in «Kolossä» schilderte und dazu Stellung nahm in der Absicht, Leser in einer anderen Gemeinde (wahrscheinlich war es Laodicea) für die von Paulus herkommende Theologie zu gewinnen.

Ist es nicht merkwürdig, daß ein frühchristlicher Theologe eine solche *Fälschung* begangen, daß er den Namen des verstorbenen Apostels Paulus derart mißbraucht haben sollte? Nun, wir müssen zum einen bedenken, daß es in der Antike einen Begriff wie «geistiges Eigentum» nicht gab – Fälschungen von Büchern, Briefen und Urkunden waren häufig. Wir müssen aber vor allem beachten, daß der Verfasser einer solchen gefälschten Schrift keineswegs immer das Interesse verfolgte, sich selbst damit einen Vorteil zu verschaffen – im Gegenteil: Oft sollte das Ansehen eines großen Lehrers für die Gegenwart betont und bestätigt werden, während der tatsächliche Autor völlig im Dunkeln bleiben wollte. So braucht man also keineswegs anzunehmen, daß der Schreiber des Kolosserbriefes etwas für sich selbst durchsetzen wollte. Vielmehr kann man vermuten, daß er die christliche Botschaft, so wie sie von Paulus verkündigt worden war, auf seine aktuelle Situation beziehen wollte und daß er sich allein zu diesem Zweck das Gewand des Paulus anzog. Der Brief sollte den Lesern zeigen, daß die Theologie und das Wirken des Paulus auch über seinen Tod hinaus Bedeutung für die Gemeinde(n) besaßen. Dies gilt, so will der Brief sagen, in besonderer Weise für Konfliktsituationen: Zwar kann der Apostel nicht mehr unmittelbar eingreifen (vgl. 2,5); aber es existieren doch Briefe, die den Inhalt des paulinischen Evangeliums bewahren und weiter vermitteln. Auch der tote Apostel ist für die christlichen Gemeinden also ein Garant der Rechtgläubigkeit (siehe unten S. 37 zu 2,5).

Eines ist deshalb ganz selbstverständlich: Das Urteil über die Verfasserschaft einer biblischen Schrift stellt keineswegs ein Urteil auch über deren Wert dar. Auch ein «unechter» Paulusbrief kann theologisch bedeutsam sein; auch eine gefälschte Schrift kann ein guter und wahrhaftiger Zeuge des Evangeliums sein. Daß dies für den Kolosserbrief in besonderer Weise gilt, wird die Auslegung zu zeigen versuchen (siehe auch die Nachbemerkungen).

3. Die Gliederung des Kolosserbriefes

Der Kolosserbrief ist, anders als eigentlich alle echten Paulusbriefe mit Ausnahme (vielleicht!) des Römerbriefes, kein Gelegenheitsschreiben. Er ist sorgfältig, geradezu «systematisch» gegliedert, indem – ähnlich wie im Galater- und im Römerbrief, aber noch ausgeprägter als dort – ein lehrhafter, «dogmatischer» Teil (Kol. 1 und 2) und ein ermahnender, «paränetischer» Teil (Kol. 3 und 4) aufeinander folgen.

Im ersten Teil folgt dem üblichen Eingangsgruß (1,1–2) ein Dank an Gott für die guten Nachrichten, die «Paulus» über die Lage der Christen in Kolossä erhalten hat (1,3–8). Dem schließt sich eine Fürbitte an (1,9–11), die einmündet in einen Dank an Gott für Christi Heilstat (1,12–14). Dieses Bekenntnis wird untermauert durch ein Christuslied (1,15–20), das der Verfasser in 1,21–23 auf die angeredeten Christen bezieht. Der Abschnitt 1,24–2,5 spricht vom Amt und vom Auftrag des leidenden Apostels, bevor der Brief dann ausführlich auf die in Kolossä aufgetretenen theologischen Konflikte eingeht (2,6–23).

Der zweite, mahnende («paränetische») Teil des Briefes wird eröffnet mit einer grundsätzlichen Vorbemerkung, die Glaube und Handeln eng aufeinander bezieht (3,1–4). Erst danach folgen ganz konkrete Anweisungen darüber, was man als Christ zu tun und was man zu unterlassen hat. Diese Anweisungen sind im ersten Abschnitt eingebunden in das Bild vom Ausziehen des «alten» und Anziehen des «neuen Menschen» (3,5–17), das die völlige Neugestaltung des Lebens in Christus kennzeichnen soll. Der zweite Abschnitt (3,18–4,1) enthält dann eine «Haustafel», d. h. eine Übersicht über die gegenseitigen Pflichten der Mitglieder einer Familie. Abgeschlossen wird die Paränese in 4,2–6 mit allgemein formulierten Mahnungen.

Im kurzen Schlußteil spricht der Verfasser zuerst von den Überbringern des Briefes (4,7–9); dann werden Grüße von Anwesenden an die Empfänger weitergegeben (4,10–14). Schließlich werden einzelne Personen gegrüßt, und die Empfänger werden aufgefordert, den erhaltenen Brief gegen einen entsprechenden Brief aus Laodicea auszutauschen (4,15–17). Der Schlußvers 4,18 enthält den Segenswunsch mit dem ausdrücklichen Hinweis, daß er eigenhändig geschrieben worden sei.

1,1–8   **Briefeingang**

1,1–2   **Absender, Empfänger, Gruß**

1 Paulus, Apostel Christi Jesu durch den Willen Gottes, und der Bruder Timotheus, 2 an die in Kolossä (wohnenden) **Heiligen und gläubigen Brüder in Christus: Gnade sei mit euch und Friede von Gott, unserem Vater!**

Der Verfasser beginnt seinen Brief in derselben Weise, in der auch Paulus selbst das zu tun pflegte: Er nennt im sog. *Briefpräskript* zuerst den Absender, dann die Adressaten, und er schließt mit einem Gnaden- und Friedenswunsch. Dieses vorgegebene Schema bietet dem Schreiber eines Briefes die Möglichkeit, in allen einzelnen Teilen mehr oder weniger ausführliche Zusätze zu machen: Er kann der Nennung seines eigenen Namens Titel und andere Angaben beifügen (vgl. Röm. 1,1–6); er kann die Briefempfänger durch schmückende Beiworte auszeichnen (vgl. 1. Kor. 1,2); er kann den Segenswunsch erweitern (vgl. Gal. 1,3–5) – und dies alles, ohne das Schema als solches zu sprengen. Das längste Präskript steht in Röm. 1,1–7, das kürzeste in 1. Thess. 1,1. Der Kolosserbrief besitzt ein ziemlich knapp formuliertes Präskript, in dem eigentlich nur das Allernötigste gesagt wird; in der Segensformel am Schluß von V. 2 fehlt sogar die bei Paulus mit Ausnahme von 1. Thess. 1,1 stets übliche Aussage, daß Gnade und Friede von Gott «und von unserem Herrn Jesus Christus» kommen – die meisten alten griechischen Handschriften haben das später nachgetragen.

V. 1: Ebenso wie Paulus selbst verwendet der Verfasser des Kolosserbriefes nicht den hebräischen Namen des Heidenapostels, also Saul oder Saulus, sondern dessen ähnlich klingende lateinische bzw. griechische Entsprechung: Paulus, bzw. Paulos. Hinzugefügt wird sogleich jene «Amtsbezeichnung», die für Paulus besonders charakteristisch ist, obwohl sie in den Präskripten des 1. Thessalonicher- und des Philipperbriefes, sowie in dem eher privat zu nennenden Philemonbrief fehlt: *Apostel.* Das paulinische Verständnis dieses Amtes läßt sich am deutlichsten an Stellen wie Röm. 1,1.5 oder Gal. 1,1.11–16 ablesen; ein Nachklang davon findet sich auch in Kol. 1,1: Paulus ist «durch Gottes Wille Apostel Christi Jesu», d. h. Gott selbst hat ihn zu diesem Amt berufen und ihm die Aufgabe zugewiesen, das Evangelium von Christus zu predigen (vgl. 1,23). Woher die Verwendung des Wortes «Apostel» in der frühen Kirche kommt und welche inhaltliche Bedeutung es dort ursprünglich hatte, läßt sich kaum noch sagen. Es bezeichnet den «Gesandten» oder «Beauftragten» und ist Ausdruck des Bewußtseins der urchristlichen Missionare, Gesandte des auferstandenen Christus in der Welt zu sein. Woraus jemand den Anspruch ableitete, «Apostel» (und nicht nur Lehrer oder Prediger des Evangeliums) zu sein, ist aber ganz unklar – es gab jedenfalls keine kirchliche «Behörde», die den Titel etwa verliehen hätte. Paulus führte seinen Aposteltitel offenbar darauf zurück, daß er Christus gesehen hatte (1. Kor. 9,1). Man kann vermuten, daß der Kreis der Apostel zunächst noch nicht begrenzt war – jedenfalls werden in 1. Kor. 15,5.7 «die Zwölf» und «alle Apostel» deutlich voneinander unterschieden. In der Zeit nach Paulus bilde-

ten sich zwei gegensätzliche Richtungen heraus: Die Evangelien und die Apostelgeschichte meinen, Jesus selbst habe den von ihm berufenen (zwölf) Jüngern diese Bezeichnung gegeben (Mk. 3,14; Lk. 6,13; vgl. Apg. 1,26); die unter dem Namen des
Paulus verfaßten Schriften, insbesondere die beiden Timotheusbriefe, behaupten
demgegenüber jedenfalls indirekt, daß es im Grunde nur einen Apostel gab, nämlich Paulus (vgl. 1. Tim. 2,7; 2. Tim. 1,11).
Als *Mitabsender* des Kolosserbriefes wird *Timotheus* genannt, der tatsächlich einer
der wichtigsten Missionare in der unmittelbaren Umgebung des Paulus gewesen
war. Damit folgt der Verfasser einem auch in den meisten «echten» Paulusbriefen
geübtem Brauch. Lediglich im Römerbrief nennt Paulus keine weiteren Absender;
alle anderen Briefe enthalten entsprechende Hinweise (vgl. als auffallendstes Beispiel Gal. 1,2). Timotheus wird besonders oft als Mitabsender eines Briefes erwähnt
(1. Thess. 1,1; Phil. 1,1; 2. Kor. 1,1 und Phlm. 1); aber das bedeutet in keinem Fall,
daß er auch *Mitverfasser* des betreffenden Briefes war, wie im Kolosserbrief spätestens in 1,24 («jetzt aber freue ich mich ...») deutlich wird. Durch die Nennung wei-
terer Absender soll vielmehr deutlich werden, daß Paulus nicht als einzelner
schreibt, sondern daß seine – den Lesern in der Regel wohl persönlich bekannten –
Mitarbeiter das Anliegen des Apostels voll mittragen, wofür wiederum Gal. 1,2 be-
redtes Zeugnis ablegt.
Empfänger des Briefes sind nach **V. 2** «die Heiligen in Kolossä», die auch «gläubige
Brüder in Christus», d. h. Mitchristen genannt werden. Das Wort «Heilige» bezeichnet in dieser Zeit noch keine besondere Eigenschaft, als seien gerade diese Angesprochenen besonders fromme Menschen, eben Heilige. Sondern mit diesem
Begriff wird zum Ausdruck gebracht, daß die Christen zu Gott gehören, der im Alten Testament oft «der Heilige» oder auch «der Heilige Israels» genannt wird (Jes.
30,12; 45,11; besonders deutlich 3. Mose 20,26: «Ihr sollt mir heilig sein, denn ich,
Jahwe, bin heilig»). Daß die kolossischen Christen daneben auch noch als «gläubige
Brüder in Christus» angesprochen werden, ist eigentlich ungewöhnlich; offenbar
soll damit gesagt werden, daß sich ihre Zugehörigkeit zu Gott im Glauben verwirklicht, und zwar nicht aufgrund eigener religiöser Leistung, sondern eben «in Christus», d. h. aufgrund des Christusereignisses. Die Wendung «in Christus», die von
Paulus (vgl. nur Röm. 6,11.23) und dann vor allem im Kolosser- und im Epheserbrief (vgl. Kol. 1,4.14; Eph. 2,6f.10) oft gebraucht wird, kann vordergründig als Ersatz für das zur Zeit des Urchristentums noch fehlende Adjektiv «christlich» verstanden werden. Sie dient aber vor allem dazu, die enge Bindung der Gläubigen an
Christus sichtbar zu machen; sie paßt insofern gut zum Bild von der Kirche als dem
«Leib Christi» (siehe unten zu 1,18.24). «Brüder in Christus» bedeutet also, daß die
Angeredeten nicht aufgrund der Zufälligkeit ihres gemeinsamen Wohnorts oder gar
aufgrund persönlicher Sympathie «Brüder» sind; ihre Brüderschaft ist vielmehr eine
Folge dessen, daß ihnen in der Taufe die Einheit mit Christus geschenkt wurde, indem sie «in Christus» neues Leben empfingen (vgl. in der Sache Gal. 2,17.20). Es
braucht nicht betont zu werden, daß mit dem Ausdruck «Brüder» keineswegs nur
die Männer der Gemeinde angeredet sind, sondern auch die Frauen. Das Stichwort
«Schwester» für «Christin» begegnet in paulinischen Briefen nur dann, wenn in besonderer Weise an die Beziehung zwischen Mann und Frau gedacht ist (1. Kor. 7,15;
9,5; vgl. Jak. 2,14f.).
Auffallend ist, daß der Brief sich nicht an die «Gemeinde» (oder: Kirche) von Ko-

lossä richtet. Bei Paulus fehlt dieses Stichwort nur in der Adresse des Briefes an die dem Apostel unbekannten Römer (wie überhaupt im ganzen Römerbrief, mit Ausnahme von Kap. 16), sowie in der Adresse des Philipperbriefes (vgl. hier aber 4,15). Will der Verfasser andeuten, es gebe in Kolossä gar keine wirkliche Gemeinde? Oder ist dieser Begriff für ihn bereits reserviert als Bezeichnung für die Kirche in ihrer Gesamtheit (vgl. 1,18.24; so vor allem dann im Epheserbrief)? Aber am Ende seines Briefes spricht er unbefangen von der «Hauskirche der Nympha» und von der «Kirche der Laodicener» (4,15f.). Möglicherweise liegt die mit der Formulierung der Adresse verbundene Absicht des Verfassers darin, den Brief nicht an die ganze Gemeinde gerichtet sein zu lassen, sondern nur an diejenigen, denen sich «Paulus» als den «Heiligen» und «Gläubigen» verbunden weiß. Dann enthielte die Adresse bereits indirekt einen polemischen Akzent gegenüber den «Irrlehrern» (vgl. unten zu 2,8–23), von denen die Adressaten bewußt abgesetzt würden. Sicherheit freilich scheint hier kaum gewonnen werden zu können.

Daß die Stadt Kolossä, in der die Adressaten (angeblich) wohnen, sehr wahrscheinlich zur Zeit der Abfassung des Briefes in Trümmern lag, ist schon in den Vorbemerkungen gesagt worden (S. 13). Aber das heißt nicht, daß der Brief deshalb für Christen in Laodicea oder in einer anderen Stadt bedeutungslos gewesen wäre. Die Paulusbriefe waren bereits gegen Ende des 1. Jahrhundert weit über den Kreis der ursprünglichen Empfänger hinaus bekanntgeworden und wurden als grundlegende Zeugnisse des christlichen Glaubens gelesen und verstanden. So kennt beispielsweise der Schreiber des aus Rom nach Korinth geschickten sog. Ersten Clemensbriefes (verfaßt um das Jahr 96) den paulinischen 1. Korintherbrief und zitiert aus ihm, wobei er voraussetzt, daß auch die Korinther diesen Brief zur Hand haben (1. Clemens 47,1ff.). Der Verfasser eines Paulusbriefes nach Kolossä konnte im Jahre 70 oder 80 ziemlich sicher sein, daß sein Schreiben auch an anderen Orten, zumal in der näheren Umgebung, auf großes Interesse stoßen würde.

Das Präskript schließt mit einem sehr knapp formulierten Wunsch, der den im gewöhnlichen antiken Brief an dieser Stelle stehenden Gruß durch eine im Griechischen ganz ähnlich klingende Wendung ersetzt: «Gnade» und «Friede», die «Paulus» den «Kolossern» wünscht, sind die Grundlagen des Lebens; und der in V. 2b formulierte Wunsch besagt, daß ihr Urheber Gott ist. Das Fehlen des Hinweises auf Christus (siehe oben) wird man nicht überbewerten, sondern doch wohl eher als Zufall ansehen dürfen.

1,3–8   Dank für die guten Verhältnisse in Kolossä

3 Wir danken Gott, dem Vater unseres Herrn Jesus Christus, allezeit, wenn wir für euch beten, 4 weil wir von eurem Glauben in Christus Jesus gehört haben und von der Liebe, die ihr allen Heiligen gegenüber hegt 5 aufgrund der Hoffnung, die für euch in den Himmeln bereit liegt; von ihr habt ihr zuvor gehört im Wort der Wahrheit, (nämlich) im Evangelium, 6 das, unter euch gegenwärtig ist – so wie es auch überall in der Welt ist, fruchtbringend und wachsend, wie ja auch bei euch – seit dem Tage, an dem ihr die Gnade Gottes gehört und erkannt habt in Wahrheit, 7 wie ihr es gelernt habt von Epaphras, unserem geliebten Mitsklaven, der ein treuer Diener Christi für euch ist, 8 der uns auch berichtet hat von eurer Liebe im Geist.

Dem Präskript folgt im antiken Brief gewöhnlich ein Dank an die Gottheit oder an die Götter für ihr gnädiges Handeln am Schreiber oder an den Adressaten; Paulus übernahm diese Sitte in fast allen seinen Briefen – lediglich im Zweiten Korintherbrief ist an die Stelle des Danks ein Lobpreis getreten, und im Brief an die Galater fehlt beides, weil Paulus zu Lob oder Dank dort keinen Anlaß sieht. Der Verfasser des Kolosserbriefes hat die *Danksagung* als einen einzigen Satz formuliert, dessen Gerüst etwa so aussieht: (V. 3) Wir danken Gott, (V. 4) weil wir von der Liebe gehört haben, die ihr hegt (V. 5) aufgrund der Hoffnung, von der ihr gehört habt im Evangelium, (V. 6) das bei euch ist seit dem Tage, an dem ihr die Gnade angenommen habt – und zwar (V. 7) von Epaphras, der (V. 8) uns von euch berichtet hat. Daß der Verfasser dabei in der Wir-Form schreibt, entspricht einem auch bei Paulus begegnenden Stil (1. Thess. 1,2; 2,13; vgl. Röm. 1,5) – möglicherweise soll auf diese Weise betont werden, daß sich Schreiber und Leser im Danken zusammenfinden.

«Paulus» sagt in **V. 3**, daß er für die kolossischen Christen betet, daß aber Inhalt seines Gebets niemals etwas anderes ist als der Dank an Gott. Indem der Verfasser hier von Gott als dem «Vater Jesu Christi» spricht, nachdem er ihn in V. 2 «unseren Vater» genannt hatte, macht er deutlich, daß die Beziehung des Menschen zu Gott keine Selbstverständlichkeit ist; sie ist allein durch das Christusereignis vermittelt. Anlaß des Dankgebets ist (**V. 4**) die Tatsache, daß «Paulus» vom Glauben und von der Liebe der Kolosser gehört hat. Dabei sind, wie die nun schon zum zweitenmal verwendete Formel «in Christus Jesus» zeigt, Glaube und Liebe nicht menschliche Gefühle, bei denen es auf den Inhalt nicht so sehr ankäme; die Wendung «euer Glaube in Christus Jesus» besagt, daß der Glaube sich auf Christus bezieht und daß er nicht menschliche Tat ist, sondern von Jesus Christus herkommendes Geschenk (die unterschiedliche Folge der Namen «Jesus» und «Christus» in V. 3 und 4 ist ohne Bedeutung; daß «Christus» eigentlich ein Titel ist – «der Gesalbte» –, wird nicht mehr mitgehört; vgl. dagegen Mk. 8,29). Folge solchen Glaubens ist die Liebe, die alle Heiligen (vgl. V. 2) einschließt. Grundlage beider aber ist nach **V. 5a** die Hoffnung, die sich im Himmel befindet und die, wie V. 5b sagen wird, Inhalt der christlichen Botschaft, des Evangeliums ist. **V. 4.5a** sind ein gutes Beispiel dafür, wie der Verfasser des Kolosserbriefes mit der ihm überlieferten paulinischen Theologie umgegangen ist: Er bewahrt zwar den für Paulus typischen Dreiklang *Glaube – Liebe – Hoffnung* (vgl. 1. Kor. 13,13); aber während für Paulus Hoffnung eine Folge des Glaubens ist (Röm. 5,1–5), kehrt sich dieses Verhältnis im Kolosserbrief um: Unter «Hoffnung» ist in 1,5 und auch sonst in dem Brief (vgl. 1,23.27) nicht «das Hoffen» verstanden, das das Leben des Christen bestimmt; sondern gemeint ist der Inhalt des Hoffens, das erhoffte Heilsgut, von dem der Verfasser sagt, es befinde sich in den Himmeln (die Verwendung der Mehrzahl beim Wort «Himmel» entspricht hebräischem Sprachgebrauch). Mit dieser Verschiebung beginnt eine im Kolosser- und vor allem dann im Epheserbrief immer deutlicher werdende Tendenz, nicht mehr von der zeitlich «vorn» liegenden Zukunft, sondern vom «oben» liegenden Jenseits zu sprechen (vgl. Kol. 3,1). Von dieser Hoffnung, so fährt **V. 5b** fort, haben die Kolosser gehört aus dem «Wort der Wahrheit», d. h. aus der Predigt des Evangeliums. Dabei setzt der Verfasser voraus, daß seine Leser die inhaltliche Bedeutung des Wortes «*Evangelium*» kennen: Nicht eine beliebige «gute Botschaft», sondern die Mitteilung von Gottes den Menschen betreffenden Willen (vgl. die paulinische Bestimmung von Evangelium in Röm. 1,16f.).

V. 6 greift die Aussage, die Kolosser hätten das Evangelium vernommen, nochmals auf; dabei wird als Inhalt des Evangeliums «Gottes Gnade» genannt. Dieses Evangelium ist bei ihnen anwesend, seit sie es gehört haben «in Wahrheit». Der betonte Hinweis auf die Wahrheit soll offenbar besagen, daß sich in der Gründung der Gemeinde (vgl. V. 7) Wahrheit verwirklichte, daß die Christen nun also der Wahrheit verpflichtet sind, und daß mithin jede Abweichung als «unwahr» zu gelten hat. Möglicherweise ist diese Gleichsetzung von «Wahrheit» und «Anfang» bereits ein erster Beitrag des Verfassers im Kampf gegen die in «Kolossä» aufgetretenen Irrlehren; dafür spricht auch, daß sofort anschließend auf die Gemeindegründung durch Epaphras hingewiesen wird. Vorangestellt ist noch die Bemerkung, daß das Evangelium überall anwesend ist, fruchtbringend und wachsend. Damit wird nicht behauptet, alle Menschen seien schon Christen; aber es ist gemeint, daß in allen Teilen der (damals erschlossenen römischen) Welt gepredigt wird, und zwar mit Erfolg. Die Angeredeten, so sagt «Paulus», stehen mit ihrem Glauben also nicht allein; sie sind Glieder einer auf der ganzen Welt lebenden Gemeinschaft, die die Erfahrung macht, daß das Evangelium «wächst» und «Frucht bringt», daß die Kirche (das Wort wird freilich wieder vermieden) sich also vergrößert.

Diese Wahrheit haben die Angeredeten von Epaphras «gelernt». Er ist der von Christus beauftragte «Diener für euch» (**V. 7**; nicht: «für uns», wie viele alte Handschriften lesen und damit sagen wollen, Epaphras sei der Stellvertreter des Paulus in Kolossä gewesen), d. h. er ist der für Kolossä und für die Nachbargemeinden zuständige Missionar. Hinter der Bezeichnung des Epaphras als «Mitsklave» und «Diener» verbirgt sich nicht etwa eine Herabsetzung; nach biblischem Sprachgebrauch sind Propheten und Könige «Sklaven» Gottes (vgl. etwa nur Ez. 37,25; Dan. 6,20). Es ist also durchaus eine Würdebezeichnung, wenn Paulus sich selbst als «Sklave» oder «Diener Christi» bezeichnet (Röm. 1,1; Gal. 1,10; Phil. 1,1; 1. Kor. 3,5) und wenn diese Bezeichnung hier dem Epaphras beigelegt wird. *Epaphras*, ein heidenchristlicher Mitarbeiter des Paulus (Phlm. 23; der Name ist abgeleitet von dem der Göttin Aphrodite; mit dem in Phil. 2,25; 4,18 erwähnten Epaphroditus ist er, trotz der Namensähnlichkeit, vermutlich nicht identisch), hatte wohl tatsächlich im Auftrage des Paulus von Ephesus aus Missionsreisen unternommen und dabei in Kolossä, Laodicea und Hierapolis christliche Gemeinden gegründet (vgl. 4,12f.). In V. 7 und vor allem dann in **V. 8** betont «Paulus» diese wichtige Rolle des Epaphras, und er betont zugleich seine persönliche Verbundenheit mit ihm. Hier wird sehr deutlich, daß die Mitarbeiter des Apostels nicht untergeordnete Gehilfen waren, sondern durchaus selbständig handelten. Die Mission des Paulus war, anders als es nach der Apostelgeschichte den Anschein hat, kein Ein-Mann-Unternehmen, sondern sie vollzog sich im Zusammenwirken vieler Männer und Frauen (vgl. hierzu vor allem Röm. 16,1–6.12). Der Verfasser des Kolosserbriefes will den Eindruck vermitteln, Paulus sei durch Epaphras über die hier noch als sehr erfreulich beurteilte Lage in Kolossä informiert worden. Damit ist der sonst nirgends belegte Kontakt zwischen dem Apostel und den Christen in Kolossä hergestellt und zugleich die Abfassung des Briefes hinreichend begründet. Die Beobachtung ist wichtig, daß in V. 8 die Lage in Kolossä keineswegs kritisch geschildert wird: «Paulus» hat nicht etwa Schlechtes von dort gehört; sondern Epaphras hat ihm «eure Liebe im Geist» übermittelt. Diese Wendung ist vage formuliert und jedenfalls nicht eindeutig zu verstehen: Ist die Liebe gemeint, die die Christen untereinander haben und die ein vom

Geist (Gottes) ermöglichtes Geschenk ist? Oder ist an die Liebe gedacht, die sie dem Apostel zuwenden, freilich nur «im Geist», weil eine direkte Verbindung nicht möglich ist? Das letztere ist wohl doch wahrscheinlicher; denn eine entsprechende Formulierung begegnet erneut in 2,5, während der Begriff des «Geistes» (Gottes) im Kolosserbrief sonst nicht belegt ist (vgl. aber unten V. 9).

Warum wird Epaphras in diesem nachpaulinischen Brief so nachdrücklich als mit Paulus verbindener Missionar dargestellt? Man kann sicher sein, daß er den Lesern des Briefes (die vielleicht in Laodicea lebten; siehe oben S. 12f.) bekannt war; offenbar sollte dadurch, daß sich «Paulus» so klar hinter ihn stellte, sein Ansehen bei ihnen gestärkt werden, und zwar wohl nicht nur sein persönlicher Einfluß, sondern vor allem das Gewicht seiner Verkündigung. In der Forschung ist sogar die Möglichkeit erwogen worden, Epaphras selbst könne Verfasser des Kolosserbriefes gewesen sein und hier den Versuch unternommen haben, sich selbst als durch Paulus beglaubigt zu empfehlen. Aber diese Vermutung läßt sich natürlich nicht beweisen.

1,9–2,23   Erster Hauptteil: Die Gegenwart der Christuswirklichkeit

1,9–11   Fürbitte für die Briefempfänger

9 Darum hören wir ja seit dem Tage, da wir es vernommen haben, nicht auf, für euch zu beten und (darum) zu bitten, daß ihr erfüllt werdet mit der Erkenntnis seines Willens in aller geistlichen Weisheit und Einsicht, 10 das heißt, daß ihr des Herrn würdig lebt (wörtlich: **wandelt**) **zum völligen Wohlgefallen** (Gottes), **indem ihr in jedem guten Werk Frucht bringt und wachst in der Erkenntnis Gottes, 11 indem ihr in aller Kraft kräftig werdet entsprechend der Stärke seiner Herrlichkeit zu aller Ausdauer und Langmut.**

«Paulus» eröffnet die *Fürbitte* damit, daß er das am Anfang der Danksagung (V. 3) eingeführte Stichwort «Beten» wieder aufnimmt; er unterstreicht außerdem noch einmal, daß er von der kolossischen Gemeinde lediglich gehört hat (vgl. V. 4.8), daß ihn das Gehörte aber mit Freude erfüllt. Auch die Fürbitte enthält also nicht den Wunsch, Gott möge einem Mangel in der Gemeinde abhelfen; sondern sie richtet sich darauf, daß die Gemeinde ihren begonnenen Weg fortsetzen kann. Deutlicher noch als in V. 3–8 wird der besondere Stil des Kolosserbriefs sichtbar: Die einzelnen Aussagen sind nicht klar voneinander abgegrenzt, sondern gehen fließend ineinander über. Welchen Sinn und welchen besonderen Inhalt die einzelnen Begriffe haben, braucht man gar nicht in jedem Fall zu fragen.

Am Anfang (**V. 9**) steht ein betontes «darum» – die Fürbitte ist eine Folge des vorangegangenen Danks. Seit «Paulus» durch Epaphras von Kolossä gehört hat, betet er unablässig für die dortigen Christen, sie möchten Gottes Willen erkennen. Eine solche Erkenntnis ist freilich nicht theoretisch gemeint, sondern durch sie soll das Leben vollständig bestimmt werden, wie V. 10 zeigen wird. Der Verfasser macht zugleich aber auch deutlich, daß es dabei nicht um menschliches Erkenntnis- und Leistungsvermögen geht: «Weisheit und Einsicht» sind geistlich, d. h. sie werden von Gottes Geist gewirkt und sind keine selbständigen Möglichkeiten des Menschen. Der Kolosserbrief steht hier in der Tradition jüdischen Denkens; das Buch Jesus Sirach beginnt in 1,1 mit dem Satz: «Alle Weisheit ist von Gott, dem Herrn, und ist bei ihm ewiglich»; und in Spr. 2,6 heißt es: «Der Herr gibt Weisheit, aus seinem Munde kommt Vernunft und Erkenntnis«. Gottes eigene Weisheit ist also die Rahmenbedingung für die Erkenntnis des Willens Gottes – entsprechend dem verbreiteten antiken Grundsatz, daß Gleiches nur durch Gleiches erkannt wird.

V. 10 zeigt, worin die Erkenntnis des Gotteswillens besteht: Im «Wandel», der dem Wohlgefallen Gottes entspricht. Der Ausdruck «wandeln» begegnet als Bezeichnung des aktiven, handelnden Existierens sehr oft im Alten Testament (z. B. in 1. Mose 17,1; 24,40; Ps. 1,1; Jer. 32,23), häufig bei Paulus (z. B. Röm. 6,4; 1. Kor. 3,3; Gal. 5,16), im Kolosser- und im Epheserbrief (Kol. 2,6; 3,7; 4,5; Eph. 2,2.10; 4,1 usw.), aber auch sonst im Neuen Testament (Mk. 7,5; 1. Joh. 1,6f. u. ö.). Gemeint ist dabei das Leben als ganzes (vgl. die Übersetzung); das deutsche Wort «Lebenswandel» enthält demgegenüber vor allem einen moralischen Akzent, der zwar hier nicht fehlt, der aber doch auch nicht im Vordergrund steht. Der Maßstab, an dem sich dieser Wandel ausrichten soll, ist Christus selbst – V. 13.14 werden diesen Zusammenhang dann näher ausführen. Die Christen werden auf der Grundlage der Gotteserkenntnis zu guten Werken ermahnt, damit sie «Frucht bringen und wachsen», wie der Verfasser in Wiederaufnahme seiner Formulierung von V. 6 sagt. Im Hinweis auf das «gute Werk» scheint ein Widerspruch zur Kritik des Paulus an der Werkgerechtigkeit sichtbar zu werden. Tatsächlich aber handelt es sich um einen Ausdruck, der ebenso bei Paulus selbst begegnet (2. Kor. 9,8): Auch für den Apostel steht fest, daß die Erkenntnis des Gotteswillens zu einem Leben «in jeglichem guten Werk» führt. Umgekehrt aber behaupten weder Paulus noch der Verfasser des Kolosserbriefes, daß gute Werke den Menschen *vor Gott gerecht* machen. Es sei freilich nochmals daran erinnert, daß die gesamte Begrifflichkeit der paulinischen Rechtfertigungslehre – Gerechtigkeit Gottes, gerecht machen usw. – im Kolosserbrief nicht begegnet, ebensowenig der für Paulus gerade in diesem Zusammenhang so wichtige Begriff «Gesetz».

In **V. 11** wird der Ton, in dem der Verfasser schreibt, so überschwenglich, daß man einzelne Worte im Grunde gar nicht mehr inhaltlich erfassen kann. Zwei Begriffe jedoch ragen heraus: Gottes «Kraft» auf der einen Seite, unsere «Geduld» auf der anderen. Der Hinweis auf die göttliche Kraft, es ließe sich in direkter Anlehnung an das griechische Wort auch sagen: auf die göttliche Dynamik, zeigt, daß die Gottesbeziehung nicht auf «Erkenntnis» beschränkt ist; sie besteht vielmehr darin, daß Gott am Menschen, oder vom Zusammenhang her wohl richtiger: an den Christen, d. h. an der Gemeinde handelt. Ziel ist die Geduld: Die Christen leben in einer Situation, die von ihnen Geduld und Langmut verlangt, und «Paulus» bittet darum, es möchte ihnen diese Gabe verliehen werden.

Der Abschnitt V. 9–11 ist, wie wir gesehen haben, unter Verwendung traditioneller Formeln und Begriffe formuliert worden. Aber es liegt doch mehr vor als nur Formelsprache. Überblickt man den ganzen Kolosserbrief, so zeigt sich, daß die Fürbitte bereits ausgerichtet ist auf die beiden großen Themen: Auf den Kampf gegen Irrlehre und auf die ethische Mahnung. Die Stichworte «Weisheit» und «Einsicht» (V. 9) stehen am Anfang und am Ende des polemischen zweiten Kapitels (2,2f.; 2,23); die Aufforderung, Gottes Willen zu erkennen und zu tun (V. 9.10), ist das Thema der Paränese in 3,5–4,6. Der Verfasser hat sich der vorgegebenen Aussageformen also bedient, um sein eigenes Wort zur Sprache bringen zu können und um auf die Hauptinhalte des Briefes vorbereitend hinzuweisen.

1,12–14   Dankt Gott für seine Heilstat in Christus!

Mit Freuden 12 sagt Dank dem Vater, der euch fähig gemacht hat zur Teilhabe am Los der Heiligen im Licht; 13 der uns aus dem Machtbereich der Finsternis errettet hat und (uns) versetzt (wörtlich: **umgesiedelt) hat in das Reich des Sohnes seiner Liebe, 14 in welchem wir die Erlösung haben, die Vergebung der Sünden.**

Die Fürbitte V. 9–11 geht über in die Aufforderung an die Leser, Gott zu danken; dabei ist V. 12 nicht als selbständiger Satz formuliert, sondern schließt unmittelbar an V. 10f. an: Fürbitte und Dank bilden eine Einheit. Auffällig ist wieder die traditionelle Sprache: In V. 12 ist es die Sprache des Alten Testaments, in V. 13.14 diejenige des christlichen Bekenntnisses.

Gott heißt in **V. 12** einfach «der Vater», was sonst ausschließlich in der Gebetssprache (Lk. 11,2; Röm. 8,15; Gal. 4,6) belegt ist. Er hat die Christen befähigt, Anteil zu haben am «Los der Heiligen». «Los» ist im Alten Testament Bezeichnung des von Gott den Israeliten zugeteilten Landes (5. Mose 15,4; Jos. 18,6.8 und sehr oft), gelegentlich wie hier verbunden mit dem Stichwort «Teilhabe, Anteil» (z. B. in 5. Mose 18,1f.). An welches «Los» denkt der Verfasser an unserer Stelle? Das hängt davon ab, wer «die Heiligen im Licht» sind. Sind es, wie in 1,2, die Christen, dann meint «Paulus», die Kolosser hätten am «Los» der Christen Anteil erhalten; «Licht» wäre dann ein bildhafter Ausdruck für das durch Gott oder durch Christus erleuchtete Leben der Christen (so vielleicht in 1. Thess. 5,5). Nun kann aber mit «Licht» auch die jenseitige Himmelswelt bezeichnet sein: Gott wohnt «in unzugänglichem Licht» (1. Tim. 6,16), ja, er selbst «ist Licht» (1. Joh. 1,5; vgl. Joh. 1,5). Wenn dieses Verständnis des Wortes auch in Kol. 1,12 vorauszusetzen sein sollte, dann sind die «im Licht» lebenden «Heiligen» vermutlich nicht Menschen, sondern im jenseitigen Himmel wohnende Engelwesen (vgl. Eph. 1,18 und vor allem 2,19; im apokryphen Henochbuch [61,10] werden die verschiedenen Engeltypen unter dem Begriff «Heilige der Höhe» zusammengefaßt). Der Verfasser des Kolosserbriefes würde dann sagen, daß Gott «euch» fähig gemacht hat, am «Los der Engel» in der jenseitigen Himmelswelt Anteil zu haben. So befremdlich dieser Gedanke auch klingt, er enthält im Grunde nur eine Zuspitzung dessen, was Paulus in Phil. 3,20 mit den Worten formuliert hatte: «Das Reich, in dem *wir* Bürger sind, ist in den Himmeln» (Zürcher Bibel). Der «Paulus» des Kolosserbriefes hat lediglich die in Phil. 3 mit jener Aussage verbundene Erwartung der bevorstehenden Ankunft des Reiches zu einer Beschreibung der schon bestehenden Gegenwart umgeformt (vgl. das zum Begriff der «Hoffnung» in 1,5 Gesagte). Sehr eng mit Kol. 1,12 verwandt ist ein Satz aus der «Gemeinderegel» (1 QS) der jüdischen Sondergruppe, die in Qumran am Toten Meer lebte: «Welche Gott erwählt hat, denen hat er (die Stätte der Herrlichkeit) zu ewigem Besitz gegeben, und *Anteil* hat er ihnen gegeben am *Los* der *Heiligen*, und mit den Söhnen des Himmels hat er ihre Versammlung verbunden» (1 QS XI 7f.; Übersetzung von E. Lohse).

In V. 13.14 schließt der Verfasser zwei Bekenntnisaussagen an, gekennzeichnet durch den Wechsel vom «Ihr» der Anrede zum bekennenden «Wir». Zunächst redet er davon, was Gott getan hat, dann davon, was in Christus geschehen ist.

In **V. 13** sind zwei Machtbereiche einander gegenübergestellt: Die Finsternis auf der einen, das Reich des Sohnes auf der anderen Seite. «Finsternis» ist eine im Neuen Testament, vor allem bei Johannes, oft gebrauchte Bezeichnung für die Welt der Gottfeindschaft. Aus ihrer Macht kann sich der Mensch nicht selbst befreien; dies vermag allein Gott, und der Dank (V. 12) richtet sich darauf, daß Gott diese Rettungstat wirklich vollbracht hat. «Wir» sind aus dem einen Reich in ein anderes versetzt, geradezu «verpflanzt» worden. Wir wohnen nicht mehr in dem Gebiet, wo die Macht des Bösen herrscht; sondern wir wohnen dank Gottes Rettungstat in dem Reich, das der Sohn Gottes regiert. Die ungewöhnliche Wendung «Sohn seiner Liebe» steht dabei für «geliebter Sohn» und zeigt an, daß dieses Bekenntnis entweder ursprünglich von semitisch sprechenden Christen oder aber in bewußter Anlehnung an die im Semitischen gebräuchliche Redeweise geprägt wurde. Nicht nur sprachlich, sondern auch inhaltlich ist der Unterschied zum Denken des Paulus auffallend: Wenn der Apostel in seinen Briefen vom «Reich» spricht, dann fast immer vom Reich *Gottes*, das für ihn eine *zukünftige* Größe ist (1. Kor. 6,9f.; Gal. 5,21 u. ö.); nur in 1. Kor. 15,24f. spricht Paulus von *Christi gegenwärtigem* Reich, doch er sagt dabei, daß der Bestand dieses Reiches zeitlich begrenzt ist bis zum Anbruch des Reiches Gottes. Hiervon unterscheidet sich das in V. 13 aufgenommene Bekenntnis; denn an eine zeitliche Begrenzung des Christusreiches ist hier gewiß nicht gedacht. Offenbar hat der Verfasser des Kolosserbriefes diese Bekenntnisaussage gerade deshalb übernehmen können, weil er in ihr denselben Gedanken fand, der auch sein eigenes Denken wesentlich bestimmte: Den Ersatz der Zukunftshoffnung durch die Beschreibung dessen, was bereits Gegenwart ist.

Dieses Denken muß uns zunächst einmal als weltfremd erscheinen; denn es deckt sich ja nicht mit unserer Erfahrung: Wir sind ja keineswegs der Macht der Finsternis entrissen, wie V. 13 behauptet. Aber es ist, bei aller Kritik, doch zu berücksichtigen, in welcher Frontstellung der «Paulus» des Kolosserbriefes steht: In der Gemeinde, an deren Mitglieder er sich wendet, wird von einigen Leuten die Forderung vertreten, man müsse nicht nur dem Schöpfer, sondern auch den Mächten der Schöpfung religiöse Verehrung entgegenbringen (vgl. 2,16–18; vor allem 2,20). In scharfem Widerspruch hiergegen betont der Brief immer wieder, daß die gottfeindliche Welt den Christen gegenüber keinen Anspruch mehr erheben kann; anders als Paulus vertritt der Verfasser des Kolosserbriefes diese seine Lehre an manchen Stellen (z. B. 2,13f.) allerdings sehr massiv und «ungeschützt», so daß sie auch im Sinne einer Weltflucht mißverstanden werden kann.

Das Stichwort «Sohn» in V. 13 veranlaßte den Verfasser, in **V. 14** ein zweites, nun auf Christus bezogenes Bekenntnis folgen zu lassen: «In ihm», also nirgendwo anders, haben wir die Erlösung. Auch hier ist die Sprache traditionell. «Erlösung», von der Paulus nur in Röm. 3,24; 8,23 und 1. Kor. 1,30 redet, meint in der Sache das, was schon in V. 13 gesagt worden war: Befreiung von der gottfeindlichen Macht. Nun kommt aber eine zweite Aussage hinzu: «Erlösung», d. h. «Loskauf» oder auch «Lösegeld», wird gedeutet als «Vergebung der Sünden». Das ist ein Begriff, der in den Evangelien (Mt. 26,28; Mk. 1,4; Lk. 1,77; 3,3; 24,47) und in der Apostelgeschichte (2,38; 5,31; 10,43; 13,38; 26,18) zur Kennzeichnung des Heilshandelns Gottes oder Christi verhältnismäßig häufig vorkommt, bei Paulus hingegen niemals; lediglich in dem wahrscheinlich nicht von Paulus selbst formulierten Bekenntnissatz Röm. 3,25 begegnet der Gedanke, nicht jedoch der Begriff. Für Paulus ist *«die Sünde»* eine beinahe dämonische Macht, die den Menschen beherrscht

(vgl. nur Röm. 5,12f. 21; 7,7ff.; insgesamt mehr als fünfzig Belege für den singulari-
schen Gebrauch des Wortes «Sünde» in den echten Paulusbriefen); von «*den Sünden*», also von den vom Menschen begangenen und von Gott vergebbaren Fehllei-
stungen, spricht Paulus nur, wenn er sich überkommener Formulierungen bedient
(in Röm. 4,7; 11,27 liegen Bibelzitate vor; in 1. Kor. 15,3.17; Gal. 1,4; 1. Thess. 2,16
handelt es sich um Anführungen christlicher Überlieferung). Dies geht nicht etwa
darauf zurück, daß es für Paulus womöglich keine Verantwortlichkeit des Menschen
für sein Tun gibt (vgl. nur Röm. 5,12; 6,1–11). Vielmehr sieht der Apostel die
Feindschaft des Menschen gegen Gott schärfer als die meisten anderen urchristlichen Theologen; dies ist die Ursache für sein radikales Verständnis von Sünde. Das
außerhalb der echten Paulusbriefe gängige Stichwort «Sündenvergebung» gehörte
ursprünglich wohl in den Zusammenhang der Taufverkündigung (Apg. 2,38;
10,43.47; vgl. Mk. 1,4: Johannestaufe!). Es könnte also sein, daß der Verfasser des
Kolosserbriefes seine Leser an ihre Taufe, an ihr Christ-Werden erinnern will. Und
da er Paulus nicht auf eine eigene Missionstätigkeit in Kolossä Bezug nehmen lassen
konnte, griff er auf jene Wendungen zurück, die er auch bei dem Apostel unbekannten Briefempfängern als am Anfang ihres Glaubens stehend voraussetzen konnte.
Vielleicht hat die Aussage von V. 13 ebenfalls ursprünglich mit der Taufe in Verbindung gestanden.
Der kurze Abschnitt V. 12–14 steht unter dem Vorzeichen: «Dankt dem Vater!» Er
führt dann auf, wer dieser Vater ist und weshalb man ihm Dank schuldet. Dies mün-
det ein in das Bekenntnis zu Christus, «in dem» wir Erlösung, Vergebung der Sünden empfangen haben. So vorbereitet kann der Verfasser nun in 1,15–20 einen Text
aufnehmen, bei dem es sich wahrscheinlich um einen in der angesprochenen Gemeinde entstandenen, zumindest aber dort bekannten Christus-Hymnus handelt.

1,15–20   Der Hymnus: Christus als das Bild Gottes

15 Er ist das Bild des unsichtbaren Gottes,
     der Erstgeborene gegenüber aller Schöpfung;
16 denn in ihm wurde geschaffen alles
     im Himmel und auf der Erde.
     Das Sichtbare und das Unsichtbare,
     es seien Throne oder Herrschaften,
     es seien Mächte oder Gewalten:
     Alles ist durch ihn und auf ihn hin geschaffen.
17 Er ist allem zuvor,
     und alles hat in ihm Bestand.
18 Er ist das Haupt des Leibes
                      (nämlich) *der Kirche.*
     Er ist der Anfang,
     der Erstgeborene aus den Toten,
                      damit er in allem der erste würde;
19 denn in ihm gefiel es der ganzen Fülle, Wohnung zu nehmen
     (oder: **denn es gefiel** ((Gott)), **in ihm die ganze Fülle Wohnung
     nehmen zu lassen**),

20 und durch ihn alles zu versöhnen auf ihn hin,
   indem er Frieden stiftete – *durch das Blut seines Kreuzes:* Durch ihn (zu versöhnen)
   das, was auf Erden, und das, was im Himmel ist.

Der *Christus-Hymnus* des Kolosserbriefes ist oft untersucht worden, wobei die Ausleger zu sehr unterschiedlichen Ergebnissen kamen. Inzwischen zeichnet sich, bei allen Differenzen im einzelnen, eine gewisse Übereinstimmung ab: Kol. 1,15–20 ist, ähnlich wie Phil. 2,6–11, nicht vom Verfasser des Briefes selbst formuliert, sondern von ihm aus älterer Tradition übernommen worden. Dafür sprechen der von der unmittelbaren Umgebung deutlich abweichende Stil, der Einstieg mit dem Relativpronomen (wörtlich übersetzt beginnt V. 15: «Welcher ist ...», wobei man annehmen muß, daß zuvor der Name Christi genannt worden war), und nicht zuletzt gewisse Spannungen innerhalb des Abschnittes, die darauf schließen lassen, daß der Briefschreiber seine Vorlage teilweise verändert hat. Deutlich erkennbar sind die parallelen Anfänge der beiden Strophen, in denen Christus als Erstgeborener gegenüber Schöpfung (V. 15b) und als Erstgeborener aus den Toten (V. 18b) besungen wird. Deutlich erkennbar ist auch die formale Übereinstimmung zwischen V. 15.16a einerseits und V. 18b.19 andererseits: Dem einleitenden Bekenntnis («Er ist ...») folgt jeweils eine mit «denn in ihm ...» eingeleitete Begründung. Das Lied berührt sich eng mit jüdischen Texten, vor allem mit solchen, die Gottes «Weisheit» preisen und in ihr den Anfang der Schöpfung sehen (vgl. Spr. 8,22–31). Es besteht aber in der Forschung weitgehende Einigkeit darin, daß der Hymnus von vornherein in der christlichen Gemeinde entstand und nicht etwa nur nachträglich auf Christus übertragen wurde.

Die Gemeinde, in der dieses Lied gedichtet und gesungen wurde, sieht die Herrlichkeit Christi zuerst (V. 15–18a; Strophe 1) darin, daß er das Bild Gottes ist (V. 15a), daß er aller Schöpfung voraufgeht (V. 15b.17a), und daß «in ihm» Gott alles geschaffen hat und erhält (v. 16a.17b). In der zweiten Strophe (V. 18b–20) preist sie die in Christus geschehene Heilstat, vor allem seine Auferweckung (V. 18b), die durch ihn gestiftete Versöhnung und den durch ihn der ganzen Welt geschenkten Frieden (V. 20). In der ersten Liedstrophe ist Christus also der Mittler der Schöpfung, in der zweiten der Mittler der Erlösung.

Der Schreiber des Kolosserbriefes hat das Lied nicht unverändert übernommen, sondern an drei Stellen Zusätze eingefügt. In V. 18a stammt das Stichwort «Kirche» von ihm; am Ende von V. 18b hat er den Nebensatz («damit er in allem ...») eingeschoben; und in V. 20 schließlich sind es die Worte «durch das Blut seines Kreuzes», die im ursprünglichen Lied noch fehlten (Begründungen für diese Annahmen werden unten gegeben). Wollen wir Kol. 1,15–20 angemessen auslegen, so müssen wir zunächst versuchen, den Hymnus in seiner ursprünglichen Gestalt zu sehen und zu verstehen. Erst danach ist die jetzt vorliegende Fassung zu interpretieren.

Christus ist, so sagt die Überschrift (**V. 15a**), «das Bild des unsichtbaren Gottes». Daß Gott unsichtbar wäre, ist in der Bibel ursprünglich nicht vorausgesetzt: Mose und seine Begleiter sehen auf dem Gottesberg den Gott Israels (2. Mose 24,9–11); Mose darf nach einer anderen Überlieferung zwar nicht Gottes Angesicht sehen, wohl aber Gott nachschauen, nachdem dieser an ihm vorübergegangen ist (2. Mose 33,19–23). Jesaja ruft im Tempel aus, daß seine Augen «den König, Jahwe Zebaoth» gesehen haben (Jes. 6,5). Diese Texte, denen viele weitere an die Seite zu stellen wären, setzen voraus, daß es eine besondere Gnade ist, Gott zu schauen und daß der Mensch, der Gott sieht, vor Gottes Angesicht vergehen und sterben müßte, wenn nicht Gott selbst ihn bewahren würde. «Gott sehen» kann im Alten Testament aber auch heißen, daß man Zugang zu ihm hat, etwa im Kult (vgl. Ps. 11,7; 63,3), oder daß man seine Gnade erfährt (Hi. 33,26). Im späteren Judentum tritt die Vorstellung einer Gottesschau völlig zurück. Im Neuen Testament ist ganz selbstverständlich von Gottes Unsichtbarkeit die Rede (Röm. 1,23; Joh. 1,18; 1. Tim. 1,17; Hebr. 11,27), was vor allem der griechischen bzw. hellenistischen Gottesvorstellung entspricht. Die Aussage des Hymnus, daß Christus Gottes Abbild ist, erinnert an die Schöpfungserzählung (1. Mose 1,26f.); hier im Hymnus ist gemeint, daß allein durch Christus Gott «sichtbar» wird. Das bezieht sich, wie die Fortsetzung zeigt, nicht auf den irdischen Jesus, sondern auf den ewigen, aller Zeit und Geschichte vorausgehenden, «präexistenten» Christus. Durch ihn tritt der jenseitige Gott mit der Welt in Beziehung; durch ihn wird der unendliche Abstand zwischen Gott und der Welt überwunden. Ähnliche Versuche, von Mittlergestalten zwischen Gott und den Menschen zu sprechen, hat es im ganzen Alten Orient gegeben. Besonders einflußreich war der aus Ägypten kommende Gedanke, die «Weisheit» sei eine solche Mittlerin. Im Buch «Weisheit Salomos», einer apokryphen jüdischen Schrift vermutlich aus dem 2. Jahrh. v. Chr., wird die als Person vorgestellte Weisheit (griechisch: sophia) als «Bild der Güte Gottes» bezeichnet (7,26). Im Denken des jüdischen Religionsphilosophen Philo von Alexandria nimmt «das Wort» (griechisch: der Logos) eine ähnliche Aufgabe wahr; er schreibt im ersten Buch seiner Abhandlung «Über die Einzelgesetze»: «Abbild Gottes ist der Logos, durch den die ganze Welt geschaffen worden ist» (I,81). Von solchen Gedanken und Vorstellungen sind im Neuen Testament Paulus (vgl. 2. Kor. 4,4) und vor allem der Anfang des Johannesevangeliums (Joh. 1,1–14) beeinflußt, ebenso offenbar auch unser Hymnus.

Christus heißt in **V. 15b** «der Erstgeborene aller Schöpfung». Hier wird deutlich, daß das Lied die Schöpfung positiv versteht. Es kann also nicht im Umkreis der ihrem Wesen nach weltfeindlichen gnostischen Religion entstanden sein, obwohl es zu einzelnen Aussagen Parallelen auch in gnostischen Texten gibt. Als «Erstgeborener» ist Christus nicht das erste der Schöpfungswerke Gottes (obwohl das Wort gewöhnlich einfach den ältesten Sohn bezeichnet; vgl. Lk. 2,7 u. ö.); sondern er ist – ähnlich wie «das Wort» (Logos) in Joh. 1,1 – aller Schöpfung voraus. Am stärksten berührt sich die Aussage von V. 15b mit den Sätzen über die, auch hier als Person gedachte, «Weisheit» (sophia) in Spr. 8,22–31, die sich vorstellt als «Anfang der Werke Gottes», ja, als geschaffen «noch vor dem Ursprung der Welt».

Damit scheint deutlich zu sein, von welcher Tradition der Christus-Hymnus des Kolosserbriefes bestimmt ist: Er nimmt jüdische Aussagen über die «Weisheit» auf, überträgt sie auf Christus und stellt damit heraus, daß das, was herkömmlich über die Weisheit gesagt worden war, in Wahrheit für Christus Geltung hat. Solche «Sophia-Christologie» steht auch hinter Texten wie Mt. 11,16–19 par. Lk. 7,31–35; Mt. 12,42 par. Lk. 11,31 und vor allem 1. Kor. 1,24; 2,1–8 (V. 7!). Diese Christusverkündigung behauptet also, daß die «weisheitliche» Form der Bewältigung von Welterfahrung (man lese hierzu im Alten Testament Schriften wie das Buch der Sprüche oder den «Prediger») in Wahrheit allein durch Christus vermittelt und verwirklicht wird. Die Aussagen der Weisheitstheologie werden als *Fragen* ernstgenommen; doch die *Antwort* liegt nun im Hinweis auf *Christus*: Gotteserfahrung und Erkenntnis der Weltwirklichkeit werden durch Christus erschlossen, nirgendwo anders.

V. 16 begründet die beiden Aussagen von V. 15: Gott hat «in ihm» alles – man könnte hier auch schärfer übersetzen: «das All» – geschaffen; es gibt deshalb keinen Bereich im Himmel (wörtlich Mehrzahl; vgl. V. 5) und auf der Erde (vgl. 1. Mose 1,1), d. h. in der ganzen Schöpfung, der nicht von Christus her bestimmt wäre (vgl. auch hierzu Joh. 1,3.10). Um dies zu unterstreichen, folgen als Auslegung des Wortes «alles» vier einander entsprechende Begriffspaare, mit denen der Dichter die Ganzheit des Kosmos zu erfassen trachtet. Dabei scheinen «Throne, Herrschaften usw.» Engelmächte zu sein, die im irdischen und im himmlischen Bereich einen unterschiedlich hohen Rang besitzen; solche Engel-Hierarchien sind im Judentum, aber auch in der Gnosis verbreitet. Der Gedankengang schließt in der letzten Zeile von V. 16 mit der Feststellung, daß Christus nicht nur der Mittler, sondern auch das Ziel der Schöpfung ist. Als Ziel der Schöpfung gilt in der antiken stoischen Philosophie Gott; eng hiermit verwandte Aussagen finden sich auch bei Paulus (vgl. Röm. 11,36; 1. Kor. 8,6). Das Besondere an unserem Hymnus ist, daß er solche Aussagen auf Christus bezieht, ohne damit jedoch Christus direkt als Schöpfer zu bezeichnen.

V. 17 knüpft wieder an V. 15 an («er ist …»), wobei das Präsens zeigt, daß der Dichter zeitlos reden möchte: Christus ist (nicht: war) allem zuvor, er ist tatsächlich «präexistent». Ähnlich spricht der johanneische Jesus von sich selbst (Joh. 8,58). V. 17b nimmt das «in ihm» von V. 16a wieder auf; dabei kann man diese Zeile geradezu auf Goethes Faust beziehen, der wissen will, «was die Welt im Innersten zusammenhält» – unser Hymnus antwortet: «Christus!»

In *V. 18a* endet die erste Strophe des Liedes mit der Aussage, daß Christus das *Haupt «des Leibes»* ist. Dabei liegt nicht der paulinische Gedanke von der Kirche als dem «Leib Christi» vor (vgl. 1. Kor. 12,12–27); «Leib» ist an dieser Stelle vielmehr ein, auch in der antiken Philosophie oft in dieser Bedeutung verwendeter, bildhafter Ausdruck für die *Welt*. Indem nun Christus als «Haupt des Leibes» bezeichnet wird, soll gesagt werden, daß er der Herr dieser Welt ist. Dabei sind die Aussagen von V. 17a und V. 18a eng miteinander verklammert: Christus ist (so wäre wörtlich zu übersetzen) «sowohl» allem zuvor, «als auch» Haupt der Welt, d. h. er ist in jeder Hinsicht der Erste.

Zweierlei fällt beim Lesen der ersten Strophe dieses Hymnus auf: Man hat erstens den Eindruck, daß die durch Christus hergestellte Beziehung zwischen Gott und der Welt völlig ungestört ist; von einem Widerspruch der Welt gegen Gott ist nicht die Rede. Als Zweites fällt auf, daß jeder konkrete Hinweis auf den *Menschen* fehlt: Daß in der Schöpfung der Mensch eine besondere Rolle spielt und daß es nach biblischer Anschauung eine reale Auflehnung dieses Menschen gegen Gottes Gebot gibt («Sünde»), davon schweigt der Dichter. Und doch muß das alles im Hintergrund stehen; denn sonst wäre die zweite Strophe des Liedes sinnlos. Von der Überwindung des Todes, von Versöhnung und Friede kann man ja nur sprechen, wenn man weiß, daß es Tod, Haß und Feindschaft gibt. Dieser Hymnus aber redet von dieser dunklen Seite der Weltwirklichkeit nur so, daß er die schon geschehene Rettung aus dieser Dunkelheit beschreibt (vgl. V. 13).

Christus wird zu Beginn der zweiten Strophe «Anfang» genannt (**V. 18b**), was – wie die Fortsetzung zeigt – auf die Auferstehung zu beziehen ist (vgl. 1. Kor. 15,20.23).

Christus steht als «der Erstgeborene» also nicht nur am Anfang der Schöpfung (V. 15b), sondern auch am Anfang der Neuschöpfung, jenseits des Todes. Dieser Gedanke, in gleicher oder in ähnlicher Formulierung, begegnet im Neuen Testament an mehreren Stellen. Paulus nennt in 1. Kor. 15,20 Christus, der von Gott auferweckt worden ist, den «Erstling der Entschlafenen»; Christus steht einerseits in einzigartiger Bedeutung voran, andererseits wird ihm die Reihe derer folgen, die zu ihm gehören (vgl. Röm. 8,29). Der Seher der Johannesoffenbarung spricht in Off. 1,5 von Jesus Christus als dem «Erstgeborenen der Toten», und zwar unter Anspielung auf Ps. 89,28: Die einst dem davidischen König gegebene Verheißung wird für Christus ausgeweitet bis über den Herrschaftsbereich des Todes hinaus. So wird der Ausdruck «Erstgeborener» auch hier ebenso wie in V. 15 sowohl auf die zeitliche Folge als auch auf die Rangstellung zu beziehen sein. **V. 19** gibt die Begründung: In ihm wohnt «die ganze Fülle». Dieser Satz ist nicht eindeutig zu übersetzen (siehe oben). Klar ist aber in jedem Fall, daß Gott und «die ganze (d. h. die kosmische) Fülle» eng miteinander verbunden sind. Das ist eine Vorstellung, für die es in der spätantiken Literatur zahlreiche Vergleichsstellen gibt. So heißt es beispielsweise in den im 1. Jahrh. n. Chr. entstandenen gnostischen «Oden Salomos»: Gott ist «die Fülle der Welten und ihr Vater» (7,13). Und in der gnostischen Schrift Pistis Sophia («Glaube Weisheit») wird gesagt: «Ich werde euch ... alle Erkenntnis geben, damit ihr ‹Kinder der Fülle, vollendet in allen Erkenntnissen ...› genannt werdet» (Pistis Sophia 139). Nach Weisheit Salomos 1,7 erfüllt die «Weisheit», die hier der «Geist des Herrn» genannt wird, den ganzen Erdkreis, womit der Verfasser Gedanken der stoischen Philosophie aufgenommen hat. Wie der Autor des Kolosserbriefes selbst den Gedanken des Hymnus gedeutet wissen will, zeigt er später in 2,9 (siehe unten S. 40f.). Hatte der Hymnus in V. 16a davon gesprochen, daß «in ihm» alles geschaffen wurde, so bezieht er nun in V. 19 das Wohnen der göttlichen Fülle «in ihm» auf Christi Auferstehung: Im auferstandenen Christus ist Gottes ganze Fülle, sein eigentliches Wesen, real und vollkommen gegenwärtig.

V. 20a schließt direkt an das Vorangegangene an: Es gefiel der ganzen Fülle, durch Christus «alles zu versöhnen auf ihn hin». Die letzte Bemerkung erinnert an den Schluß von V. 16: Die Endzeit, in der die Versöhnung des Kosmos geschieht (oder richtiger: geschehen ist), ist Wiederherstellung der ursprünglichen Schöpfung. Auch hier fällt auf, daß sich das Christusgeschehen auf «alles», d. h. auf den Kosmos bezieht; vom Heil des Menschen wird nicht ausdrücklich gesprochen, so sehr er natürlich mit-einbezogen ist.

Das Lied schließt in **V. 20b** mit dem Hinweis auf die Stiftung des endzeitlichen Friedens, wobei wiederum die Übereinstimmung mit V. 16 auffällt: Christi Auferstehung von den Toten bedeutet die Verwirklichung des Friedens auf Erden wie im Himmel (wörtlich wieder Mehrzahl; vgl. in der Sache später Eph. 2,14–18), die Aufhebung aller Feindschaft im ganzen Kosmos.

Betrachtet man den Hymnus nun noch einmal im Zusammenhang, so muß sich zumindest dem heutigen Leser die Frage aufdrängen, welchen Sinn dieses Christus-Lied eigentlich haben kann. Besteht nicht zwischen den Aussagen des Liedes und dem, was die Menschen aller Zeiten täglich erfahren, ein tiefer Widerspruch? Oder steht hinter dem Hymnus etwa nur ein religiöser Enthusiasmus, der die Wirklichkeit gar nicht mehr erfassen kann und will? Die Antwort auf solche Fragen muß zunächst einmal davon ausgehen, daß es sich hier wirklich um einen *Hymnus* handelt, nicht um eine Darlegung kirchlich verbindlicher («dogmatischer») Lehrsätze. Die Absicht des Dichters war es, Christus zu preisen: Christus steht am Anfang der Schöpfung; und er steht auch am Anfang der Erlösung. In ihm ist alles geschaffen worden; und in ihm ist jetzt die Fülle Gottes gegenwärtig. Die Heils- (oder richtiger: Unheils-) Geschichte des Menschen mit Gott tritt für den Dichter völlig in den Hintergrund – er besingt hier die in Christus geschehene Schöpfung einerseits und die in Christus bereits verwirklichte Erlösung andererseits. Der naheliegende Vorwurf, der Dichter habe die Wirklichkeit nicht gesehen, seine hymnischen Worte über den gegenwärtigen kosmischen Frieden seien ein frommer Selbstbetrug, trifft nicht: Die ins einzelne gehende Aufzählung der himmlischen und irdischen «Mächte» (V. 16) zeigt, daß er sehr wohl um die Bedrohung der Welt weiß, daß er die Macht jener «Throne und Herrschaften» sehr genau kennt. Wenn er dennoch – gegen den Augenschein und gegen alle Erfahrung – die durch Christus schon geschehene Versöhnung und den in Christus bereits Gegenwart gewordenen Frieden preist, so ist dies kein religiöser Selbstbetrug, sondern im Gegenteil ein Akt der Annahme der in Christus geschenkten Befreiung.

Indem der *Autor des Briefes* diesen Hymnus übernahm, machte er seinen Lesern deutlich, daß er mit den hier formulierten Sätzen übereinstimmte. Dieser Feststellung kommt ein erhebliches Gewicht zu, da man wohl annehmen kann, daß die Leser des Kolosserbriefes den Hymnus oder jedenfalls die in ihm formulierten Glaubensüberzeugungen bereits kannten und darin ihr eigenes Denken ausgedrückt fanden. Dann würde «Paulus» mit der Aufnahme des Hymnus seine grundsätzliche Übereinstimmung mit der in «Kolossä» verkündigten Christologie nachdrücklich unter Beweis gestellt haben. Zugleich aber würde er das Interesse der Leser in besonderer Weise gerade auf diejenigen Aussagen gelenkt haben, die er selbst nachträglich in den Liedtext eingefügt hat.

Nahezu alle Ausleger stimmen in der Annahme überein, daß der Schreiber des Briefes zunächst in **V. 18a** den Begriff «*Kirche*» hinzugesetzt hat. Damit erscheint der Begriff «Leib» nun nicht mehr als Bild für den Kosmos, sondern in durchaus paulinischer Weise als Bild für die Kirche (vgl. 1. Kor. 12,27), als deren «Haupt» Christus nun gedacht ist (dieser Aspekt fehlte hingegen bei Paulus noch völlig; vgl. 1. Kor. 12,21, wo das Haupt ohne besondere Hervorhebung neben anderen Gliedern genannt wird). Der Briefschreiber hat mit diesem Einschub die strenge sachliche Gliederung des Hymnus anscheinend durchbrochen; denn die Kirche gehört ja eigentlich nicht auf die Seite der Schöpfung, sondern sie gehört als die Gemeinde derer, die sich zu Christus bekennen, auf die Seite der Erlösung. Denkbar ist aber auch, daß das Stichwort «*Kirche*» ganz bewußt an den Schluß der ersten, von der *Schöpfung* sprechenden Strophe des Liedes gesetzt worden ist. Für Paulus folgte aus der Vorstellung von der Kirche als dem Christusleib, daß die «Glieder» dieses Leibes, die Christen, innerhalb der Kirche verschiedene Funktionen und Aufgaben wahrnehmen und im übrigen ohne Unterschied in der Einheit des Leibes existieren (1. Kor. 12,12–30). Das Bild von der Kirche als Leib Christi diente bei Paulus also auch dazu, Christi konkrete Anwesenheit in der Welt zu beschreiben. Im Kolosserbrief dagegen (und noch deutlicher später im Epheserbrief) treten diese konkreten Aspekte des Bildes ganz zurück zugunsten des Gedankens, daß die Kirche als «Leib» bereits *Anteil* hat an der *Präexistenz* ihres «Hauptes» Christus, daß also auch sie geschaffen ist vor aller Zeit (vgl. Eph. 1,22) und so auf die Seite der Schöpfung gehört. Paulus hätte sagen können, daß «die Kirche von Korinth» (oder von Thessalonich oder von Philippi) als solche «der Leib Christi» ist; der Verfasser des Kolosserbriefes könnte dies von der Gemeinde in Kolossä oder in Laodicea so niemals sagen.

Der Begriff «Kirche» taucht in V. 18 übrigens zum ersten Mal im Brief auf, nachdem der Verfasser ihn bei der Adresse (V. 2) ja vermieden hatte. Offenbar ist vorausgesetzt, daß die Leser das Wort nicht etwa auf eine einzelne Gemeinde beziehen, sondern von vornherein auf die «weltweite» Kirche als ganze; nähere Erläuterungen hielt der Verfasser jedenfalls nicht für notwendig.

Im urchristlichen Sprachgebrauch ist zwischen (Einzel-)Gemeinde und (Gesamt-) Kirche nicht unterschieden worden: Paulus kann unter Verwendung desselben Wortes von «den Kirchen» in Galatien sprechen (Gal. 1,2) und zugleich davon, daß er einst «die Kirche Gottes» verfolgt habe (Gal. 1,13). In 1. Kor. 10,32 stehen nebeneinander «Juden, Griechen und die Kirche Gottes», denen die Korinther durch ihr Verhalten keinen Anstoß geben sollen; hier ist also die Kirche bereits als die Schar derer, die zu Gott gehören, von anderen Gruppen unterschieden. – Den Lesern des Kolosserbriefes wird vermutlich sofort klar gewesen sein, was es sachlich bedeutete, wenn Christus durch die ergänzende Bemerkung des «Paulus» nicht mehr als herrscherliches Haupt des «(Welt-)Leibes», sondern als das Haupt des «Kirchenleibes» hingestellt wurde: Der Hymnus erhielt damit den ihm bislang fehlenden Bezug zum Menschen – die Kirche als die Gemeinschaft der glaubenden und bekennenden Menschen hat Anteil am kosmischen Geschehen.

Wahrscheinlich ist auch die Schlußbemerkung in **V. 18b** («damit er in allem ...») nachträglich hinzugefügt worden; denn hier wird die am Anfang erwähnte klare Parallelität zwischen V. 15.16a und V. 18b.19 unterbrochen. Inhaltlich bringt auch dieser Nebensatz einen bislang fehlenden Gesichtspunkt: Hatte der Hymnus ausschließlich von dem gesprochen, was bereits geschehen ist, so tritt nun der Aspekt des noch nicht Abgeschlossenen, des noch Ausstehenden hinzu. Christus soll – dem Rang nach – überall der Erste *werden* (vgl. dazu 1. Kor. 15,25), d. h. seine Auferweckung von den Toten hat eine Geschichte eröffnet, die ihr Ziel noch keineswegs erreicht hat.

Die dritte Erweiterung seiner Vorlage hat der Autor des Briefes schließlich in **V. 20** vorgenommen in den Worten «durch das Blut seines Kreuzes». Für diese in der Forschung allgemein vertretene Annahme sprechen drei Gründe: Zum einen stößt sich die Aussage sprachlich mit dem zweiten «durch ihn» in V. 20 (das deshalb von vielen alten Handschriften weggelassen wird); zweitens war bereits in V. 18b von der Auferstehung Christi die Rede, so daß der Hinweis auf das Kreuz jedenfalls verspätet wirkt; drittens und vor allem entspricht die Erwähnug des Kreuzestodes Jesu überhaupt nicht dem Christusverständnis des Liedes, das ja ausschließlich vom himmlischen Christus gesprochen hatte. Dieser letzte Zusatz zum Lied bedeutet, daß der Verfasser Versöhnung und Friede in Anlehnung an die *paulinische Theologie* vom *Tod Jesu* her verstanden wissen will. Vom «Blut» Christi sprach der Apostel in seinen Briefen allerdings sehr selten – fast ausschließlich im Zusammenhang von Aussagen, die er aus ihm überkommener älterer Überlieferung übernommen hatte (Röm. 3,25; vgl. vor allem auch die Aussagen zum Abendmahl in 1. Kor. 10,16; 11,25.27). In eigener Formulierung begegnet diese Begrifflichkeit wohl nur in Röm. 5,9. Hingegen entspricht der Hinweis des Verfassers auf das *Kreuz* unmittelbar dem eigentlich paulinischen Christuszeugnis (vgl. insbesondere 1. Kor. 1,23; 2,2; Gal. 3,1). Dies zeigt sich vor allem auch daran, daß der Apostel selbst in dem von ihm aus älterer Überlieferung übernommenen Christus-Hymnus des Philipper-briefes (Phil. 2,6–11) das Stichwort «Kreuz» (V. 8) nachträglich betont hinzugefügt hatte. Offenbar wollte der Verfasser des Kolosserbriefes beide ihm aus den Paulus-briefen bekannten Redeformen aufnehmen; so kam er auf die nun freilich etwas un-geschickt wirkende Wendung «Blut des Kreuzes».

Nicht nur durch die Ergänzung innerhalb des Liedes, sondern auch durch den Rah-men, in dem dieses Lied nun steht, hat der Verfasser des Kolosserbriefes eine *Deu-tung* des Hymnus in seinem Sinne gegeben: Zuvor, in 1,13.14, hatte er den Gedan-ken der Sündenvergebung betont. Anschließend, in 1,21–23, wird er zeigen, welche Konsequenzen das Christusgeschehen für die Menschen unmittelbar hat – nämlich die Versöhnung des einzelnen mit Gott, wobei er gerade auf die beiden Zusätze, die er in V. 18 und V. 20 gemacht hatte, ausdrücklich zurückgreifen wird. Sollte der Hymnus also, wie doch wohl wahrscheinlich, den Lesern bereits bekannt gewesen sein, so wäre die Absicht, die der Verfasser mit dessen Zitierung verband, klar: Der Hymnus, so sagt «Paulus» den «Kolossern», ist theologisch korrekt, sofern man ihn korrekt deutet, d. h. wenn man ihn so, wie ich – Paulus – es tue, korrigiert. Die vor-gegebene weisheitliche Rede von Christus bleibt in Geltung und wird «apostolisch» bestätigt; sie wird nun aber bezogen auf das in Zeit und Geschichte geschehene Heil, wie es der Kirche durch das Kreuzesgeschehen zugesagt ist.

1,21–23   Versöhnung und Glaube

21 Auch euch, die ihr einst entfremdet und feindlich gesinnt wart im Tun des Bösen, 22 hat er jetzt versöhnt im Leibe seines Fleisches durch den Tod, so daß er euch als Heilige und als untadelige und unbescholtene (Menschen) **vor sich hinstellt, 23 so-fern ihr ja im Glauben bleibt, fest gegründet und beständig, und euch nicht entfernt von der Hoffnung des Evangeliums, das ihr gehört habt, das verkündigt worden ist aller Schöpfung unter dem Himmel** (und) **dessen Diener ich, Paulus, geworden bin.**

Der Hymnus 1,15–20 hatte von der weltweiten, kosmischen Versöhnung gespro-chen; nun wendet sich der Autor des Briefes unmittelbar an die angeredeten Chri-sten: «Euch hat er jetzt versöhnt». Nur aus dem Zusammenhang wird deutlich, daß – anders als bei Paulus (2. Kor. 5,19ff.) – offenbar nicht Gott, sondern Christus der Urheber der Versöhnung ist. Der Vorgang wird beschrieben mit Hilfe einer festen Redeform, dem *Einst-Jetzt-Schema*. Obwohl dieses Schema wahrscheinlich aus der Bekehrungssprache stammt (vgl. Gal. 1,23), geht es in ihm nicht um eine durch die Bekehrung hervorgerufene innere Wandlung des Menschen, sondern um die von «außen», d. h. durch Christus oder durch Gott bewirkte Veränderung (vgl. Röm. 11,30; 1. Kor. 6,11; in nachpaulinischen Briefen vor allem Eph. 2,11–13); dies zeigt sich in Kol. 1,21ff. auch daran, daß der Hauptsatz erst in V. 22 beginnt.

Das «*Einst*» war nach **V. 21** bestimmt durch die (geradezu räumlich gedachte) selbstgewählte Trennung («Entfremdung») der Menschen von Christus (oder von Gott?; vielleicht läßt die Formulierung dies bewußt offen), ja, durch ihre aktive Feindschaft gegen ihn, die sich darin zeigte, daß die Menschen in ihrem Handeln und Denken ganz auf «böse Werke» ausgerichtet waren. Das ist natürlich weder eine Beschreibung des heidnischen Selbstbewußtseins, noch gar ein neutraler Hinweis auf lasterhafte heidnische Lebensformen – Feindschaft gegen Gott kann ja auch darin bestehen, daß man sich gerade in der Erfüllung ethischer Normen Gott gegenüber behaupten möchte. Auch strengste Moralität kann vor Gott «böse» sein, wie denn Paulus in Phil. 3,4–8 seine nach dem Maßstab des jüdischen Gesetzes «untadelige» Vergangenheit im Glauben an Christus als Irrtum verwirft. Kol. 1,21 ist im übrigen sehr pauschal formuliert; der Briefschreiber will offenbar nicht exakt darstellen, wie die bösen Werke der Angeredeten aussahen, und er scheint dies wohl im einzelnen auch gar nicht zu wissen (vgl. demgegenüber Gal. 4,8ff.).

Diese Menschen hat Christus «*jetzt*» in seinem Sterben versöhnt (**V. 22**). Der Verfasser nimmt damit jenen Gedanken wieder auf, den er bereits in V. 20b im Zusammenhang des Liedes nachgetragen hatte: Der irdische, «fleischliche» Leib des gekreuzigten Jesus ist der Ort der Versöhnung. Eine solche Deutung des Todes Jesu wird, wenn auch mit anderen Begriffen, schon in der Abendmahlsüberlieferung vorausgesetzt (1. Kor. 11,23–25); sie findet sich auch in alten vorpaulinischen Formeln (Röm. 3,25), sowie bei Paulus selbst (Röm. 5,10). Der Autor bewegt sich hier also in traditionellen Bahnen theologischen Denkens. Das Ziel wird in V. 22b genannt: «Ihr» sollt heilig und ohne Tadel sein «vor ihm». Es geht im Versöhnungsgeschehen also allein um die Beziehung der Menschen zu Christus bzw. zu Gott; die Stichworte «heilig, untadelig» bezeichnen nicht eine moralische Qualität, sondern den durch Christus allein hergestellten Stand der Menschen vor ihm. Von hier aus ist es zu erklären, warum sich die Christen selbst als «Heilige» bezeichnen konnten (siehe oben zu V. 2).

V. 23 nennt für diesen Stand eine Bedingung, die jedoch sogleich als bereits erfüllt hingestellt wird: Das Bleiben im Glauben. Hier setzt der Autor einen besonders nachdrücklichen Akzent; denn er beschreibt in immer neuen Wendungen, daß Treue und Standhaftigkeit im Glauben der entscheidende Ausweis christlichen Lebens sind. Damit deutet sich zum erstenmal an, daß es bei den angeredeten Christen in dieser Hinsicht Probleme gibt, zu deren Lösung der Kolosserbrief beitragen will. Der Glaube, an dem die Christen festhalten sollen, ist, so sagt der Verfasser, bezogen auf «die Hoffnung des Evangeliums», also auf die Hoffnung, von der das Evangelium Kunde gibt (siehe zu V. 5). In überschwänglichem Ton wird hinzugesetzt, daß dieses Evangelium bereits aller Kreatur gepredigt wurde, wobei natürlich nur an die Menschheit gedacht ist. Offenbar blickt der Verfasser auf die Missionstätigkeit des Paulus bereits zurück, ohne sagen zu wollen, die Weltmission sei bereits abgeschlossen. Paulus wird «Diener des Evangeliums», also Missionar, genannt, und ihm wird eine herausragende Rolle zugewiesen – das feierliche und anspruchsvolle «ich, Paulus» begegnet in den Briefen des Apostels selber nicht.

Die letzte Wendung von V. 23 leitet über zum nächsten Abschnitt, in dem nun «Paulus» selbst unmittelbares Thema wird. Die Absicht des Autors ist deutlich: Paulus soll einer Gemeinde, die bisher keine Verbindung mit ihm gehabt hatte (siehe die Vorbemerkungen), als Garant für die Wahrheit des bei ihr verkündigten Evangeliums bezeugt werden; und der Verfasser rechnet damit, daß sein Hinweis auf Paulus bei den Adressaten nicht ohne Wirkung bleiben wird.

1,24–29   Die Offenbarung des Geheimnisses

24 Jetzt freue ich mich in den Leiden (, die ich) für euch (ertrage); und das, was an den Christus entsprechenden Drangsalen fehlt, fülle ich auf in meinem Fleisch zugunsten seines Leibes, das ist die Kirche, 25 deren Diener ich nach dem mir für euch verliehenen Amt Gottes geworden bin, um das Wort Gottes zu vollenden, 26 das Geheimnis, das verborgen war vor den Äonen und vor den Generationen. Jetzt aber ist es seinen Heiligen offenbart worden, 27 denen Gott kundtun wollte, was der Reichtum der Herrlichkeit dieses Geheimnisses unter den Völkern ist – das meint: Christus bei euch – die Hoffnung auf Herrlichkeit. 28 Diesen verkündigen wir, indem wir jeden Menschen ermahnen und jeden Menschen belehren in jeglicher Weisheit, um jeden Menschen als in Christus vollkommen darzustellen; 29 hierfür mühe ich mich ja auch ab, indem ich kämpfe gemäß seiner Wirkungskraft, die in mir in Macht wirksam ist.

Der Abschnitt umfaßt drei Teile: Zunächst spricht «Paulus» von sich selbst, von seinem Dienst für die Kirche und für das Wort Gottes (V. 24f.); dann interpretiert er dieses Wort als das den «Äonen» verborgene, jetzt aber von Gott den Heiligen geoffenbarte Geheimnis (V. 26f.); schließlich kehrt er zum Ausgangspunkt zurück und verweist erneut auf seine Anstrengungen in der Mission (V. 28f.). Dabei muß immer beachtet werden, daß hier ja nicht Paulus selbst spricht, sondern daß ein Späterer dieses Paulus-Bild seinen Lesern einprägen will.

Der Verfasser betont (**V. 24**), daß Paulus für die angeredete Gemeinde leidet, und daß er sich darüber freut. Das «für euch» erinnert an entsprechende Aussagen der Christus-Bekenntnisse (vgl. 1. Kor. 11,24; Röm. 5,8; 8,32; 1. Petr. 2,21). Der Verfasser will sicherlich nicht Paulus mit Christus gleichsetzen; gemeint ist aber wohl doch, daß Paulus um seiner Gemeinden willen leidet bzw. gelitten hat, und daß dies nun auch für die Beziehung zwischen dem Apostel und den Briefadressaten gelten soll. Allein dies ist der Grund, weshalb «Paulus» sich über das Leiden im eigentlichen Sinn «freuen» kann. Der zweite Teil von V. 24 ist nicht leicht zu deuten. Wörtlich heißt der Satz: «Ich fülle auf die Mängel der Trübsale Christi in meinem Fleisch für seinen Leib«. Damit soll nicht gesagt werden, Christus habe womöglich «nicht genug» gelitten, und es sei nun Sache des Apostels, zugunsten der Kirche das von Christus her noch Fehlende zu ergänzen. Ein solcher Gedanke wäre nicht nur unpaulinisch, sondern ganz und gar unbiblisch und unchristlich: Daß Christi Leiden und Tod «für uns» keiner Ergänzung bedarf, steht für das Urchristentum außer Frage. Nun ist aber zu beachten, daß das eben mit «Trübsale» übersetzte Wort sich niemals im Neuen Testament auf das Leiden Christi bezieht, sondern stets auf die Trübsal, die Anfechtung, die Gefährdung der Christen in der Welt (Röm. 5,3; 2. Kor. 1,4.8; vor allem Joh. 16,33), insbesondere im Zusammenhang mit der am Ende der Zeit wirksam werdenden «eschatologischen Drangsal» (Mk. 13,19.24; Mt. 24,9.21.29). Die «Trübsale Christi» sind also die von den Christen zu übernehmenden «Leiden um Christi willen», die daraus folgen, daß sich die Christen zu Christus halten, vor allem in Verfolgungssituationen. Eigentlich, so wird man von daher unsere Stelle zu deuten haben, müßte die Kirche selbst leiden, wie es ihrer Zugehörigkeit zu Christus (als «sein Leib») entspricht. Tatsächlich aber hat, so sagt

der Verfasser, Paulus selbst dieses notwendige Leiden stellvertretend auf sich genommen. Er ist also nicht nur «Diener des Evangeliums» (V. 23); sondern er ist
selbst gleichsam ein Teil des Evangeliums geworden, nicht allein durch seine missionarische Predigt, sondern unmittelbar in seinem Leben. Daß das Leiden zur aposto-
lischen Existenz gehört, sagt Paulus selbst (1. Kor. 4,9–12; 2. Kor. 11,23–33;
Gal. 6,17); in Kol. 1,24 wird dies gesteigert, indem die Leidenserfahrung mit dem
Gedanken der Stellvertretung verknüpft wird. Dabei ist das Wortspiel «in meinem
Fleisch – für seinen Leib» bewußt gewählt: Es geht nicht allein um die einzelne Gemeinde; sondern es geht um das Leiden für den Christusleib, der die ganze Kirche
umschließt, mit ihr identisch ist. Stärker kann die universale Rolle des Paulus
schlechterdings nicht mehr hervorgehoben werden.

V. 25 beschreibt Paulus in einer V. 23b entsprechenden Wendung als den «Diener»
der Kirche, womit seine Stellung als Missionar gemeint ist. Der Verfasser spricht an
dieser Stelle vom «Amt», das Gott dem Paulus anvertraut hat (vgl. 1. Kor. 9,17).
Dieses Amt besteht darin, Gottes Wort zu «erfüllen», womit, ähnlich wie in
Röm. 15,19, die die Menschen in aller Welt erfassende Predigt des Evangeliums gemeint ist.

V. 26 benennt in feierlichen Wendungen den Inhalt des Evangeliums. Erneut, wie in
V. 21f., bedient sich der Verfasser eines festen Redeschemas; diesmal ist es das «*Of-
fenbarungs-Schema*» (oder: *Revelations-Schema*, vom lateinischen Wort revelatio,
Offenbarung), dessen Grundstruktur zum ersten Mal in 1. Kor. 2,6f. 10 begegnet.
Vor den «Äonen» (das sind vermutlich kosmische Mächte; vgl. Eph. 2,2) war Gottes Geheimnis *verborgen* gewesen; «jetzt» ist dieses Geheimnis *geoffenbart* worden,
freilich nicht der Welt und ihren «Mächten», sondern den Heiligen Gottes. Allein
die Christen sind also Empfänger der Offenbarung, nur ihnen gegenüber ist das Geheimnis enthüllt worden. Ursache dafür ist freilich nicht eine persönliche Qualität
dieser «Heiligen» (siehe oben zu V. 2), sondern Ursache ist (**V. 27a**) ausschließlich
der souveräne Wille Gottes. Leidenschaftlich betont der Autor, welch reiches Maß
an Herrlichkeit diesem geoffenbarten Geheimnis zukommt, wobei als Adressaten
nun «die Völker» (man könnte auch übersetzen: die Heiden) genannt werden. Endlich (**V. 27b**) erfährt der Leser auch, welchen Inhalt das Geheimnis hat: «Christus
bei euch – die Hoffnung auf Herrlichkeit». Es ist wichtig, hier den Kontrast zwischen Verborgenheit und Offenbarung in seiner ganzen Schärfe zu erfassen: Das
«Geheimnis» Gottes ist zu den Völkern gelangt, konkret: Christus ist jetzt «bei
euch», und damit gibt es für die Angeredeten eine wirkliche Hoffnung (siehe zu
V. 23). Verständlich werden diese Ausführungen vor dem Hintergrund des in der
angeredeten Gemeinde bestehenden Konflikts: Die im Kolosserbrief bekämpften
Irrlehrer waren offenbar bestrebt, das «Christus bei euch» an zusätzliche Bedingungen zu knüpfen, Gottes Offenbarung also gleichsam für «unvollständig» zu erklären
(siehe zu 2,8–19). Solchem Denken widerspricht der Autor des Briefes mit seiner
Betonung der vollen Gegenwart des Heils nachdrücklich.

Mit **V. 28** wendet sich «Paulus» seinem Predigtamt zu. Dabei zeigt das feierlich klingende «wir» an, daß zunächst nicht – wie dann in V. 29 – individuelle Erfahrungen
im Blick sind, sondern daß es um die Beschreibung einer die Arbeit des einzelnen
übersteigenden Aufgabe geht (vgl. Röm. 1,5); nur von daher kann auch das wiederholte «jeden Menschen» richtig verstanden werden. Inhalt der Verkündigung ist die
auf jegliche wissenswerte «Weisheit» bezogene ethische Mahnung und «dogmati-

sche» Belehrung: Beides gemeinsam zielt ab auf den in Christus «vollkommenen» Menschen (vgl. 4,12). Das Stichwort «*Weisheit*» ist an dieser Stelle offenbar noch ganz unbetont gebraucht (vgl. dagegen 2,3.23), obwohl möglicherweise schon durchschimmert, daß die «Irrlehrer» in der angesprochenen Gemeinde ebenfalls von «Weisheit» gesprochen haben. Denn tatsächlich kann von Weisheit sowohl im Rahmen der Christusverkündigung gesprochen werden (siehe das zum Hymnus 1,15–20 Gesagte, S. 26f.), als auch umgekehrt im Zusammenhang einer sich gegen die Christusbotschaft wendenden Weisheitspredigt; Paulus spricht von der hier sichtbar werdenden Spannung in 1. Kor. 2,6–9. Der Verfasser des Kolosserbriefes nun nimmt für «Paulus» in Anspruch, er predige «in jeglicher Weisheit». Wieder wird die Redeweise aus der aktuellen Situation heraus erklärt werden müssen: Wenn doch schon, so will der Verfasser sagen, Paulus seine Hörer «in jeglicher Weisheit» belehrt, dann bedarf es gewiß keiner zusätzlichen Belehrung mehr durch andere Weisheit (2,23); diese ist damit von vornherein als gegen Christus gerichtet erwiesen. Dasselbe gilt für den Begriff der *Vollkommenheit*: «Vollkommen» wird man nicht durch die Bewahrung bestimmter religiöser Tradition oder durch die Einhaltung moralischer Normen. Vollkommenheit erlangt man vielmehr allein «in Christus». Damit kommt dieser so formelhaft klingenden Wendung also eine unmittelbar aktuelle und polemische Bedeutung zu. Die Gegner in der angesprochenen Gemeinde binden «Vollkommenheit» offenbar an die von den Christen über das Christusbekenntnis hinaus zu leistende Erfüllung bestimmter religiöser Ansprüche, wie vor allem der Abschnitt 2,8–19 zeigen wird. Dem widerspricht «Paulus» hier durch den betonten Hinweis auf Christus. V. 29 lenkt zum Anfang (V. 24) zurück: Die Verkündigung der Botschaft bedeutet äußerste Mühe (das griechische Wort bezieht sich üblicherweise auf schwere körperliche Arbeit), ja geradezu «Kampf»; und doch geht es nicht um menschliche Leistung, sondern um Gottes Wirken am Apostel (vgl. 1. Kor. 15,10). Das Stichwort «Kampf» leitet nun endlich über zur Situation der angeredeten Christen (2,1–23).

2,1–5   Der Kampf des Apostels für die Christen in Kolossä und in Laodicea

1 Ich möchte nämlich, daß ihr wißt, welch schweren Kampf ich auf mich nehme für euch und für die in Laodicea und alle, die mich nicht persönlich kennengelernt haben, 2 damit ihre Herzen getröstet werden, vereint (oder: belehrt) in Liebe und zu jeglichem Reichtum der Fülle der Einsicht, zur Erkenntnis des Geheimnisses Gottes, (nämlich) Christi, 3 in dem alle Schätze der Weisheit und Erkenntnis verborgen sind. 4 Ich sage dies, damit niemand euch täusche durch großartige Reden. 5 Denn wenn ich auch körperlich abwesend bin, so bin ich doch im Geist bei euch; dabei sehe ich mit Freuden eure Ordnung und die Festigkeit eures Glaubens an Christus.

Diese Verse gehören mit dem vorangegangenen Abschnit 1,24–29 eng zusammen: Der Verfasser bezieht das, was er dort über das Amt des Apostels (Paulus) allgemein gesagt hatte, nun konkret auf die aktuelle Lage. Er schildert mit beredten Worten, wie sehr er – «Paulus» – sich um die Christen in Kolossä und in Laodicea sorgt, obwohl er sie doch gar nicht persönlich kennt. Dabei klingt nun zum erstenmal Besorgnis an, der Glaube der angeredeten Christen könne durch Leute, die insbesondere das Mittel der Rhetorik brillant zu handhaben wissen, nachhaltig gefährdet werden. Die unmittelbare Gefahr scheint zwar noch gering zu sein (V. 5b); aber dieser Eindruck täuscht, wie sich in 2,6ff. zeigen wird.

Der Anfang des Abschnitts (**V. 1**) ist feierlich formuliert. In bewußter Nachahmung des paulinischen Briefstils (wörtliche Übereinstimmung mit 1. Kor. 11,3; vgl. Röm. 1,13; 11,25; 1. Kor. 10,1; 12,1) wird eine bedeutsame Mitteilung an die Leser eingeleitet: Sie sollen erfahren, daß ihnen – ohne daß sie es bisher überhaupt wußten – die besondere Fürsorge des Apostels gilt. Die Christen in «Kolossä» sollen wissen, daß sie und ihre Glaubensgenossen im benachbarten Laodicea sich ganz auf den Apostel und seinen «Kampf» verlassen können. Die Aussage erinnert natürlich an 1,29; aber beinahe unmerklich ist eine wichtige Änderung eingetreten: War es in 1,29 um Missionsarbeit gegangen, die als «Kampf» dargestellt wurde, so handelt es sich nun um die Beschreibung von «Kämpfen» innerhalb der Kirche. Paulus erscheint mithin jetzt als Wächter über die Wahrheit der in den Gemeinden geltenden Lehre. Dieses Bild stimmt zunächst einmal durchaus mit dem überein, das wir aus den «echten» Paulusbriefen kennen: Auch dort begegnen wir ja gar nicht dem «Heidenapostel», der Nichtchristen zu bekehren versucht; sondern wir erleben einen Kirchenführer, der intensive, bisweilen heftige Diskussionen und Konflikte mit seinen Gemeinden oder mit einzelnen Gruppen in ihnen auszufechten hat. Der Kolosserbrief bringt aber einen wichtigen neuen Gesichtspunkt insofern, als «Paulus» sich nun auch in Auseinandersetzungen in Gemeinden einmischt, die er gar nicht kennt. Ein Stück weit mag hier der Römerbrief Pate gestanden haben; doch in diesem fehlt die direkte Bezugnahme auf aktuelle Probleme in Rom.

Auffällig ist die Erwähnung der Gemeinde von Laodicea. In den Vorbemerkungen (siehe oben S. 12f.) war die Möglichkeit erwogen worden, Laodicea sei die eigentliche Adresse des Kolosserbriefes, da der Brief sich ja jedenfalls nicht an die Christen von Kolossä gerichtet haben kann. Diese Vermutung läßt sich eindeutig von unserer Stelle her stützen: Die Mitteilung an die Leser, Paulus habe auch für die Christen in Laodicea gearbeitet, ohne daß diese etwas davon wußten (vgl. den Anfang von V. 1!), ist am ehesten dann verständlich, wenn die Gemeinde von Laodicea tatsächlich die eigentliche Adressatin des Briefes ist.

Das Ziel des mühevollen Kampfes des Apostels ist (**V. 2**) die Tröstung der Christen. Alttestamentlichem Sprachgebrauch folgend spricht der Autor dabei von deren «Herzen», womit nicht das Gemüt gemeint ist, sondern die Bereitschaft und Fähigkeit der Menschen zum Handeln. Warum aber bedürfen sie solchen Trostes? Offenbar deshalb, weil all das Gute, das in V. 2f. genannt wird, in der betroffenen Gemeinde aufs Äußerste bedroht ist. So wünscht der Verfasser seinen Lesern Einheit (dies paßt im Zusammenhang besser als die andere auch mögliche Übersetzung «Belehrung») in der Liebe, Hinwendung zum umfassenden Reichtum des Verstehens, schließlich und vor allem Erkenntnis des Gottesgeheimnisses, das mit Christus identisch ist. Der Redestil ist an dieser Stelle überschwenglich; die einzelnen Begriffe lassen sich im einzelnen gar nicht genau voneinander abgrenzen. Die deutliche Nähe zu 1,26 zeigt, daß der Verfasser die dort beschriebene grundsätzliche Aufgabe des Paulus eng mit dem Schicksal der Gemeinde verknüpft wissen wollte.

Worauf es ihm vor allem ankam, zeigt die Schlußwendung des ganzes Satzes (**V. 3**): *In Christus* ist *alle* Weisheit verborgen – wobei «Verborgenheit» im Licht der «Erkenntnis» (V. 2) zu sehen ist. Das betonte «in ihm» zeigt an, daß sich der Autor offenbar gegen die Meinung wendet, Weisheit und Erkenntnis seien auch noch woanders als «in Christus» zu finden – eben dies aber scheint in «Kolossä» gelehrt worden zu sein (V. 4). Die ganze Aussage von V. 2f. erinnert bis in den Wortlaut hinein an alttestamentlichen Lobpreis der Weisheit (Jes. 45,3; Spr. 2,3–6); durch das nachdrückliche «in Christus» hat sie nun aber ihren besonderen Akzent erhalten. Welche Bedeutung der «Weisheit» und der «Erkenntnis» zukommt, das wußten Heiden ebenso wie Juden; nach beidem fragte man im Bereich philosophischen Denkens ebenso wie in den Religionen. Zu finden sind Weisheit und Erkenntnis aber allein in Christus, sagt der Verfasser; und deshalb war es so wichtig, daß zuerst nach der Erkenntnis Christi gefragt wurde (V. 2).

In V. 4 wird endlich der konkrete Anlaß dieser Sätze erkennbar: «Paulus» möchte die Angeredeten davor bewahren, daß sie durch glänzende Rhetorik verunsichert und getäuscht werden. Damit fällt nun erstmals ein etwas helleres Licht auf die in der Gemeinde wirkenden Leute, die das in V. 2f. so stark betonte «in Christus» offenbar bestreiten und anscheinend durchaus auch noch andere Quellen der Weisheit neben Christus zu nennen wissen. Gewiß waren die «Irrlehrer» nicht einfach «von außen» in die Gemeinde eingedrungene Christusfeinde. Es ist im Gegenteil sehr wahrscheinlich, daß sie gläubige, vielleicht sogar besonders fromme und eifrige Christen waren; andernfalls wäre es ja kaum verständlich, daß sie einen derart großen Einfluß bereits hatten gewinnen können. Diese Leute wollten keineswegs Christus durch andere religiöse Werte ersetzen; sie hielten es aber für geboten, den Glauben an Christus durch zusätzliche religiöse Erkenntnisse und moralische Leistungen zu ergänzen. Und zugunsten dieser Forderung wußten sie offenbar in kluger Rede allerlei Überzeugendes vorzubringen. Wir erfahren freilich an dieser Stelle Näheres darüber noch nicht (siehe aber später zu 2,16ff. und die Nachbemerkungen S. 81–86).

In V. 5 gibt «Paulus» die Begründung für sein Eingreifen in «Kolossä»: Der Apostel kann zwar nicht mehr persönlich die Gemeinde besuchen; er kann aber doch «im Geist» anwesend sein. Er kann den gefährdeten Christen zwar nicht mehr direkt helfen; er kann sie aber indirekt stützen durch seinen Brief. Dies ist nun aber exakt dieselbe Funktion, die auch die Briefe des wirklichen Paulus gehabt hatten: Die persönliche Anwesenheit des Apostels am Ort der Auseinandersetzung mußte und konnte notfalls durch den Brief ersetzt werden (vgl. 1. Kor. 5,3f. und auch 2. Kor. 10,10). Aus diesem Grunde konnte ein nachpaulinischer Autor meinen, nach dem Tode des Apostels unter dessen Namen einen Gemeindebrief schreiben zu dürfen: Dieser «unechte» Brief sollte – ebenso wie einst die «echten» Briefe – die fortdauernde Anwesenheit des Paulus in den Gemeinden sichern und bezeugen. Auch der tote Apostel sollte und konnte «im Geiste» Bewahrer und Retter der Rechtgläubigkeit der Gemeinden sein – sogar solcher Gemeinden, die allenfalls indirekt etwas mit Paulus selbst zu tun gehabt hatten. Dies zeigt, wie groß das Ansehen des Paulus zu dieser Zeit und in dieser Gegend Kleinasiens gewesen sein muß; andernfalls wäre ja das ganze Unternehmen des Briefschreibers von vornherein sinnlos gewesen.

Überaus geschickt läßt der Verfasser diesen Abschnitt des Briefes ausklingen (V. 5b): «Paulus» übt nicht etwa Kritik an den angeredeten Christen; er lobt im Gegenteil ihre Ordnung und die Festigkeit ihres Glaubens (vgl. 1,4). Auf diese Weise erfährt die tatsächlich angesprochene Gemeinde, daß «damals in Kolossä» die Lage keineswegs verzweifelt gewesen war, sondern daß der Apostel durchaus Anlaß zum Lob gehabt hatte. Ob damit die Wirklichkeit – sei es in Kolossä, sei es in Laodicea – zutreffend beschrieben ist, muß leider völlig offen bleiben. Eines ist jedenfalls klar: Die Glaubensstärke der angeredeten Christen wird nicht etwa bezweifelt, sondern im Gegenteil nachdrücklich hervorgehoben. Sie sind also imstande, das, was der Apostel im folgenden zu sagen hat, zu verstehen und anzunehmen.

2,6–15   Christus allein!

**6 Wie ihr nun Christus Jesus, den Herrn, angenommen habt, so wandelt in ihm 7 als solche, die (in ihm) eingewurzelt sind und in ihm auferbaut und gefestigt werden im Glauben – so wie ihr unterwiesen worden seid – überströmend von Dank!
8 Gebt acht, daß euch nicht jemand einfängt mit Hilfe der Philosophie und leeren Betrugs, die sich auf die Tradition der Menschen und auf die Elemente der Welt stützen, und nicht auf Christus! 9 In ihm nämlich wohnt die ganze Fülle der Gottheit wirklich, 10 und ihr seid zur Erfüllung gelangt in ihm, der das Haupt aller Macht und Gewalt ist. 11 In ihm wurdet ihr auch beschnitten in einer nicht mit Händen vollzogenen Beschneidung, als ihr den Fleischesleib auszogt in der Christus-Beschneidung, 12 dadurch, daß ihr zusammen mit ihm begraben wurdet in der Taufe; in ihm (d. h. in Christus); wurdet ihr auch mitauferweckt durch den Glauben an die Kraft Gottes, der ihn auferweckt hat von den Toten. 13 Ja, euch, tot in den Verfehlungen und der Unbeschnittenheit eures Fleisches, euch hat er zusammen mit ihm lebendig gemacht, indem er uns alle Verfehlungen vergab. 14 Den gegen uns lautenden Schuldschein, der mit (seinen) Normen uns feindlich gegenüberstand, hat er gelöscht und ihn aufgehoben, indem er ihn ans Kreuz nagelte; 15 er hat die Mächte und die Gewalten entkleidet und sie öffentlich zur Schau gestellt, indem er in ihm über sie triumphierte.**

Der Abschnitt wird beherrscht durch die siebenmal begegnende Wendung «in ihm», die betont auch am Anfang (V. 6) und am Schluß (V. 15) steht und die sachliche Mitte der ganzen Argumentation bildet. Der an die Leser gerichteten Aufforderung, in Christus zu «wandeln», folgt die an V. 4 erinnernde Mahnung, sich ja nicht verführen zu lassen (V. 8); dabei kommt es dem Verfasser darauf an, die Aussagen über die Christen eng mit denen über Christus selbst zu verbinden (V. 9f.). Im letzten Teil (V. 11–15) wird in immer neuen Formulierungen, deren Stil sich im Deutschen kaum nachahmen läßt, das Heilsgeschehen dargestellt: Zunächst geht es um das Heil für die einzelnen Christen (V. 11–14), dann aber um den Triumph Gottes über die kosmischen Mächte (V. 15). Formal fällt auf, daß der Verfasser in V. 6–13a den Stil der Anrede verwendet («Ihr»), in V. 13b.14 dann aber abrupt in den Bekenntnisstil («Wir, uns») wechselt. Außerdem sind von V. 13 an nicht mehr die Angeredeten Subjekt aller Aussagen, sondern Gott.

Der Verfasser wiederholt in **V. 6a** zunächst seine schon in V. 5b getroffene Feststellung, daß bei den Adressaten im Grunde alles in Ordnung ist, weil sie ja Christus als den Herrn «angenommen» haben. Das hier verwendete griechische Wort ist ein fester Ausdruck für die Vermittlung bzw. Annahme von Tradition (vgl. 1. Kor. 15,1);

die Bezeichnung «Christus Jesus, der Herr» ist die kürzeste Fassung des christlichen
Bekenntnisses (vgl. Röm. 10,9). Der Verfasser will also unterstreichen, daß das Bekenntnis zu Christus in «Kolossä» tatsächlich in Geltung steht. Aber gerade weil das
so ist, kann und muß er nun auch fordern (**V. 6b**), daß die dortigen Christen «in
Christus wandeln» sollen (vgl. 1,2.10), daß ihr Leben also ihrem Bekenntnis entsprechen soll. Diese Verknüpfung von Feststellung («Indikativ») einerseits und
Forderung («Imperativ») andererseits hat der Verfasser aus der paulinischen Theologie übernommen; sie findet sich besonders deutlich ausgeführt in Gal. 5,13.25 und
bestimmt, wie schon in den Vorbemerkungen (siehe oben S. 14) angedeutet, den
Aufriß des Galater- und des Römerbriefes ebenso wie den des Kolosserbriefes im
ganzen. So sehr dabei «Indikativ» und «Imperativ» untrennbar zusammengehören,
so wenig darf das Verhältnis der beiden Aussageformen umgekehrt werden: Der
Glaube ist Bedingung und Voraussetzung für den «Wandel in Christus», nicht ist
dieser eine Vorbedingung für den Glauben. **V. 7** führt den Gedanken weiter. In drei
parallelen Formulierungen, bei denen die aus der urchristlichen Missionssprache
stammenden Verben jeweils ein bestimmtes Bildmotiv tragen, wird zunächst die
Feststellung von V. 6a erläutert: Die Annahme Christi durch die Gläubigen verwirklicht sich dadurch, daß die Christen fest mit ihm verbunden sind. Dabei geht es
nicht so sehr um den einzelnen, sondern vor allem um die Zugehörigkeit der Gemeinde zu Christus. Das Stichwort «eingewurzelt» gehört in den Zusammenhang
des Bildes von der Gemeinde als Pflanzung (vgl. 1. Kor. 3,6); die Begriffe «aufbau-
en» und «befestigen» gehen auf die Vorstellung zurück, daß die Gemeinde ein (noch
im Wachsen begriffener; Gegenwart!) «Bau» ist (vgl. 1. Kor. 3,9; 14,12). Es fällt
auf, daß der Verfasser Glaube und Lehre unmittelbar miteinander verbindet; er bezieht sich also auf den Glaubensinhalt, der als solcher gelehrt werden kann, nicht auf
eine innere Glaubenshaltung. Die letzte Wendung in V. 7 knüpft an die Forderung
von V. 6b an: Die Gemeinde wird gemahnt, Gott überschwenglich zu danken – auch
dies ist ein Teil des den Lesern gebotenen Wandels «in Christus»!
So vorbereitet trägt der Verfasser nun in **V. 8** den ersten ausdrücklichen Angriff gegen die Irrlehrer in «Kolossä» vor. Sein Aufruf «Gebt acht!» (vgl. Phil. 3,2;
Gal. 5,15) appelliert an die Einsichtsfähigkeit der Leser: Sie sind durchaus imstande, auf sich selbst aufzupassen, wenn ihnen die drohende Gefahr nur eindringlich
genug vor Augen geführt wird. Die Gefahr besteht darin, daß «jemand» sie aus der
engen Verbindung mit Christus herausreißt, sie «als Beute wegführt», wie es wörtlich heißt. Das Mittel, wodurch solches geschehen könnte, nennt der Verfasser
«Philosophie». Dieses Stichwort bezeichnet hier nicht die klassische Philosophie etwa des Plato oder des Aristoteles, auch nicht die zeitgenössischen Lehren der Stoa.
Das griechische Wort Philosophie erfaßt vielmehr alle Formen der Weltdeutung
und Welterklärung (vgl. den Ausdruck «Elemente der Welt») – bis hin zu Götter-
mythen, alchemistischen und kosmologisch-astrologischen Spekulationen oder Dä-
monenvorstellungen. Das Stichwort ist wahrscheinlich nicht erst durch den Verfasser des Briefes in die Debatte eingeführt worden; sondern die Irrlehrer, gegen die er
sich wendet, scheinen selbst von «Philosophie» gesprochen zu haben. Man erkennt
das daran, daß der Verfasser diese Philosophie einen «leeren Betrug» nennen muß,
um ihre Verwerflichkeit angemessen herausstellen zu können. Der *Inhalt* der in
«Kolossä» gelehrten «Philosophie» wird in V. 8 nicht genannt; er kann jedoch aus
dem näheren und weiteren Zusammenhang unserer Stelle erschlossen werden, vor

allem aus 2,16–18. Im übrigen darf man eine genaue Beschreibung dessen, was jene «Philosophie» lehrte, ohnehin nicht erwarten; denn der Verfasser konnte natürlich voraussetzen, daß seine Leser hierüber gut informiert waren (siehe im übrigen unten S. 81–86).

Wie der Verfasser die «Philosophie» *bewertet* hat, wird deutlich, wenn man V. 8 vor dem Hintergrund von V. 3 liest. Dort war gesagt worden, alle Schätze der Weisheit (griechisch: sophia) seien *in Christus* verborgen. Hier wird nun polemisch betont, daß jene «kolossische philosophia» sich an einer von Menschen ausgehenden Überlieferung orientiert und eben nicht an Christus; ihr Maßstab sind die «Elemente der Welt». Der Ausdruck «Elemente» kann die «vier Elemente» Feuer, Wasser, Erde und Luft bezeichnen, aber auch als Dämonen vorgestellte kosmische Mächte. Deshalb ist nicht an eine die Natur lediglich beobachtende «Wissenschaft» zu denken. Vielmehr betrachtete jene «Philosophie» das Wesen der Welt und das Wesen der die Welt beherrschenden Mächte, weil sie meinte, diesen Mächten in bestimmter Weise dienen zu müssen, um sich so zugleich von ihrem Anspruch befreien zu können. Auf diese Weise aber, so sagt der Verfasser, stellt sich die «Philosophie» in einen offenen Gegensatz zum Glauben an Christus, der ja als «das Haupt» alle kosmischen Mächte überragt (V. 10) und längst über sie triumphiert hat (V. 15).

Die Argumentation des Verfassers berührt sich an dieser Stelle sachlich eng mit der des Paulus in dessen Kampf gegen die Lehrer des «anderen Evangeliums» in Galatien (vgl. Gal. 4,1–11, vor allem V. 3.10): Beide sehen in den «Weltelementen» (zu denen für Paulus im Galaterbrief auch das alttestamentliche Gesetz gehört; vgl. 4,9) eine Konkurrenz zu Christus. Beide bestreiten, daß es zwischen dem Christusglauben und der religiös begründeten Unterwerfung unter die Weltelemente einen Kompromiß geben kann. Einen solchen Kompromiß aber vertraten die galatischen Irrlehrer. Und ähnlich scheint auch die «kolossische Philosophie» gedacht zu haben, wenn sie forderte, Christusglauben und Elementenverehrung müßten miteinander verbunden, jener müsse durch diese ergänzt werden, damit auf diese Weise religiöse Vollkommenheit erreicht werden könne. Die Lehrer jener «Philosophie» haben ihre Botschaft also nicht als eine *Alternative* zu Christus verstanden; sondern sie sahen in ihr eine notwendige *Ergänzung* und *Erweiterung* des Glaubens (siehe oben zu 2,4). Doch gerade dies wird vom Schreiber des Kolosserbriefes scharf zurückgewiesen: Eine Ergänzung des Christusglaubens ist nichts anderes als eine Abkehr von Christus.

An *welchen* «Elementen» (V. 8), «Mächten» und «Gewalten» (V. 10.15) sich die hier bekämpfte «Philosophie» orientiert hat, erfahren wir nicht. Vielleicht ging es um Dämonenglauben oder um die Verehrung der Gestirne oder auch um die Ergebung in ein dunkles Schicksal. Möglicherweise gehörten zu den «Weltelementen» aber auch moralische Normen, deren unbedingte Anerkennung verlangt und als Vorbedingung für das Heil bezeichnet wurde (siehe unten zu 2,22).

Die *Begründung* für seine Ablehnung der «Philosophie» in «Kolossä» gibt der Verfasser in **V. 9**: «In ihm», d. h. wiederum: in Christus und nirgendwo anders, ist die Gottheit ihrem ganzen Wesen nach «wirklich» (wörtlich: «körperlich, leiblich») gegenwärtig. Der Verfasser greift hier offenbar auf das in Kol. 1 zitierte Lied zurück (vgl. 1,19); der seltsame Ausdruck «Fülle der Gottheit» (statt: Gottes) verdankt sich aber wohl einer Formulierung der bekämpften Irrlehrer: Sie scheinen versprochen zu haben, ihre «Philosophie» könne den Gläubigen «die Fülle der Gottheit» vermitteln. Der Verfasser betont dagegen, die Vermittlung der Wirklichkeit Gottes sei nur möglich «in Christus»; dort aber geschehe sie auch tatsächlich. Vielleicht enthält die Aussage, in Christus sei die Gottheit «leiblich» anwesend, eine Anspielung auf die Inkarnation, die Fleischwerdung Christi; dann könnte man vermuten, daß die «kolossischen Irrlehrer», ähnlich wie die Gegner des 1. Johannesbriefes, die Menschwerdung Christi bestritten haben (vgl. 1. Joh. 4,2). Da aber der ganze Vers im Präsens formuliert ist, liegt es doch näher, die Wendung nicht auf den irdischen Jesus zu beziehen, sondern auf den auferstandenen Christus, in dem Gott gegenwärtig ist und mit dem die Gläubigen verbunden sind (V. 7). Hier zeigt sich, daß es im Konflikt zwischen «Paulus» und den Häretikern in «Kolossä» letztlich um die Frage geht, in welcher Weise der Mensch *Zugang zu Gott* gewinnen kann: Durch religiöse Leistungen, wie jene sie fordern – oder durch die Bindung an Christus allein, wie der Briefschreiber sagt. V. 9 enthält also, trotz der so abstrakt-dogmatisch klingenden Formulierung, eine tröstende Begründung für die Mahnung, sich vor jener «Philosophie» zu hüten: «In Christus» ist die «ganze Fülle der Gottheit» anwesend; und deshalb gilt für die Menschen, die «in Christus» sind, daß sie sich keiner Macht der Welt mehr zu unterwerfen brauchen (vgl. in der Sache Röm. 8,38f.).

In **V. 10a** wird dies auf die Angeredeten hin weiter zugespitzt: Ihr seid «in ihm» zur «Erfüllung», zur Vollkommenheit gelangt. Wieder dürfte die Wortwahl dadurch veranlaßt sein, daß der Verfasser des Briefes Stichworte der gegnerischen «Philosophie» verwendet. Offensichtlich war dort vom anzustrebenden Ideal religiöser Vollkommenheit gesprochen worden; unser Autor setzt dagegen die feste Zusage, daß die Christen «in ihm» bereits alle Vollkommenheit erreicht haben (vgl. 1,28). Er schließt (**V. 10b**) mit der wiederum an das Lied (1,18) erinnernden Aussage, daß Christus das Haupt ist. Aber anders als dort hat diese Bemerkung hier nun einen polemischen Akzent: Christus ist das Haupt – und zwar gerade auch in bezug auf jene Mächte, deren Verehrung die «kolossische Philosophie» von den Christen verlangt. Aus der Zugehörigkeit zu Christus folgt also, daß man an seiner Herrschaft über die «Mächte und Gewalten» teilhat und daß man sich ihnen jedenfalls nicht mehr zu unterwerfen braucht oder gar unterwerfen muß.

In V. 11–15 entfaltet der Verfasser den Gedanken, in welcher Weise sich die Teilhabe an Christus vollzieht. Er beginnt (**V. 11**) mit der zunächst seltsam klingenden Feststellung, die Christen seien «in Christus» beschnitten worden. Gedacht ist dabei, wie V. 12 zeigen wird, an die Taufe. Aber warum wird diese mit der Beschneidung verglichen, was sonst im Urchristentum niemals geschieht? Erneut liegt es nahe, an eine Aussage (und möglicherweise auch an eine Praxis) der Gegner zu denken: Zu den religiösen Sonderleistungen, die sie propagierten, dürfte auch die Beschneidung gehört haben. Der Verfasser weist dies zurück, indem er darauf hinweist, daß die Christen bereits beschnitten sind – freilich durch eine Beschneidung, die «nicht mit Händen gemacht» ist, sondern die von Christus selbst bewirkt wurde. Der hier also im übertragenen Sinn verstandene Ausdruck «Beschneidung» wird erläutert durch einen zweiten, ebenfalls bildlichen Begriff: Die Christus-Beschneidung gilt als «Ausziehen des Fleischesleibes». Dieses Bild erinnert an Gal. 3,27, wo Paulus von der Taufe sagt, in ihr hätten die Christen Christus «angezogen». Gemeint ist damit, daß die Christen in der Taufe mit Christus wesenseins geworden sind, daß das Leben der Getauften nun völlig durch Christus bestimmt wird. «Ablegen des Fleischesleibes» bedeutet dann umgekehrt, daß der Leib, das wirkliche Leben des Menschen, nicht mehr durch sein Fleisch bestimmt ist, d. h. durch seine gegen Gott gerichtete Sündhaftigkeit, sondern eben durch die Zugehörigkeit zu Christus. Ebenso wie in V. 10 weist der Verfasser eine religiöse Forderung der Gegner also dadurch zurück, daß er sagt, die Christen hätten diese Forderung «in Christus» längst – und noch dazu in gleichsam viel «höherer» Weise – erfüllt.

Wenn es zutrifft, daß die Verfechter der «kolossischen Irrlehre» die Forderung erhoben haben, Christen müßten sich beschneiden lassen, dann spricht dies dafür, daß sie vom Judentum bzw. vom Judenchristentum beeinflußt gewesen sind. Das muß nicht bedeuten, daß sie gesetzestreu im Sinne des offiziellen Judentums waren – dazu würde ja schon die von ihnen verfochtene Verehrung der «Weltelemente» kaum passen. Es wäre aber denkbar, daß sie die körperliche Beschneidung als einen sinnfälligen Akt der Beseitigung irdischer Weltbindung gedeutet haben, daß sie also meinten, durch die Beschneidung ihre Weltverachtung zum Ausdruck bringen zu können. Eine solche Weltverachtung gab es zur Zeit des frühen Christentums in Kleinasien sowohl in apokalyptischen Gruppen, die das Ende der Welt unmittelbar bevorstehend glaubten, als auch vor allem in der *gnostischen Religion.* Die Gnosis lehrte, daß das wahre Ich (etwa: der «Geist») des Menschen in der von einem unvollkommenen Schöpfergott geschaffenen materiellen Welt gefangen sei; Erlösung besteht für den Gnostiker darin, daß sein Ich von den Ansprüchen dieser Welt durch Erkenntnis (griechisch: gnosis) befreit wird und in seine himmlische Heimat zurückkehrt. In diese meist asketisch ausgeprägte Form der Religiosität konnte offenbar auch die jüdische Beschneidungssitte integriert werden. So heißt es im gnostischen Philippus-Evangelium aus der Bibliothek von Nag Hammadi, Abraham habe uns durch seine Beschneidung gezeigt, «daß es nötig ist, das Fleisch zu vernichten» (Philippus-Evangelium § 123). Die Haltung der Gnostiker zur Beschneidung war aber keineswegs einheitlich. Dies zeigt das ebenfalls in Nag Hammadi entdeckte Thomas-Evangelium, wo Jesus in Logion 53 die Frage nach dem Nutzen der Beschneidung so beantwortet: «Wenn sie nützte, würde ihr Vater sie (d. h. die Kinder) beschnitten aus ihren Müttern zeugen. Aber die wahre Beschneidung im Geiste hat vollen Nutzen gehabt». Indirekt bestätigt freilich auch dieser Text, daß im Umkreis christlicher Gnosis das Thema «Beschneidung» diskutiert wurde. Es hat also, wofür auch andere Anzeichen sprechen, eine jüdisch beeinflußte christliche Gnosis gegeben; und es könnte sein, daß auch die «kolossische Philosophie» diesem religiösen Umfeld zuzurechnen ist. Zwar ist eine genauere Entscheidung über den Charakter jener «Philosophie» hier noch nicht möglich (siehe dazu die Nachbemerkungen S. 81–86); aber immerhin dürfte schon jetzt klar sein, daß es sich wohl nicht um den legitimen Zweig einer gleichsam «etablierten» Religion gehandelt hat, sondern um ein Gebilde eigener Art, in dem vielerlei Einflüsse miteinander verschmolzen waren («Synkretismus»).

In **V. 12a** wird, wie schon angedeutet, die Christus-Beschneidung mit der *Taufe* identifiziert. Offenbar in Anlehnung an Röm. 6,4 wird sie als «Mitbegrabenwerden» mit Christus bezeichnet: Die Taufe ist als Akt der Aneigung des Heilsgeschehens die Übernahme des Todes Christi in das Leben des einzelnen. Bei Paulus schließt sich (Röm. 6,6f.) hieran die Zusage an, daß die Christen durch dieses Mitsterben mit Christus von der Macht der Sünde befreit sind; der Verfasser des Kolosserbriefes dagegen führt den Gedanken inhaltlich nicht weiter aus – ja, man hat fast den Eindruck, als rechne er damit, die Leute könnten seine Anspielung auf Röm. 6

verstehen und die Aussage von V. 12a sozusagen von dort her «fortschreiben». Allerdings spricht im übrigen nichts für die Annahme, daß der Verfasser des Kolosserbriefes das Vorhandensein paulinischer Briefe in der angesprochenen Gemeinde voraussetzt; er selbst hat solche Briefe aber mit Sicherheit gekannt, darunter wohl auch den Römerbrief.

Ein ganz neuer Akzent wird in **V. 12b** gesetzt: Paulus hatte in Röm. 6,4.5 gesagt, daß die Übernahme des Todes Christi in der Taufe schon geschehen ist, daß aber die Auferweckung der Christen «mit Christus» noch aussteht. Hier im Kolosserbrief heißt es stattdessen, daß die Christen *bereits auferweckt* worden sind durch ihren Glauben an den Gott, der sich dadurch als kräftig erwies, daß er Jesus von den Toten auferweckte. Dabei besteht am Anfang von V. 12b ein Übersetzungsproblem; man könnte statt «in ihm . . .» auch übersetzen «in ihr . . .», und dann wäre gesagt, die Christen seien in der Taufe nicht nur begraben, sondern in ihr auch auferweckt worden. Im andern Fall («in ihm …») stünde V. 12b parallel zu V. 11, und es wäre, entsprechend vielen anderen Sätzen dieses Abschnitts, gesagt, daß die Auferweckung «in ihm», d. h. in Christus, Realität ist. Diese zweite Möglichkeit dürfte wohl doch vorzuziehen sein, da sie dem Zusammenhang besser entspricht. Die hier gebrauchte Wendung, Gott habe «ihn (d. h. Jesus) von den Toten auferweckt», begegnet bei Paulus in Gal. 1,1; 1. Kor. 6,14; Röm. 4,24; 8,11; sie ist die Zuspitzung und zugleich Konkretisierung einer traditionellen jüdischen, vielleicht an 5. Mose 32,39 anknüpfenden, Gottesprädikation (vgl. Röm. 4,17) im Blick auf Gottes Handeln an Christus. Im Glauben an die Macht des Gottes, der an Christus so gehandelt hat, ist nach dem Zeugnis des Kolosserbriefes die Auferweckung auch der Glaubenden bereits gegenwärtige Wirklichkeit geworden; es wird also nicht nur der Tod, sondern auch die Auferweckung Christi von den Christen in ihrem Leben als Glaubende angeeignet.

V. 13a wirkt auf den ersten Blick beinahe wie ein Widerspruch zu V. 12a: Dort standen Tod und Taufe miteinander in Beziehung, hier dagegen Tod und Sünde. Die Spannung zwischen beiden Aussagen löst sich aber auf, wenn man V. 13a strikt auf V. 12b bezieht: Gott hat den toten Jesus auferweckt; und er hat «auch euch, die ihr tot wart», lebendig gemacht. Freilich: Das Totsein der Menschen ist vom Tod Jesu grundsätzlich verschieden. Ihr Tod war Folge ihrer Verfehlungen, Konsequenz ihres Widerspruchs gegen Gott (das Stichwort «Unbeschnittenheit» ist wohl von V. 11 her zu deuten), ihrer Schuld; in Jesu Tod hingegen wurde Gottes rettende Macht offenbar. «Tod» meint dabei nicht in erster Linie das biologische Sterben, so sehr natürlich auch daran gedacht ist; sondern das Wort «Tod» bezeichnet hier das Ende der Beziehung des Menschen zu Gott (vgl. dazu den Gedankengang in Röm. 7,9–13). So wird es verständlich, daß der Verfasser sagen kann, Gott habe die Christen «lebendig gemacht»: Indem Gott so handelte, hat er sich den Menschen erneut zugewandt und damit ihr Leben wiederhergestellt. An die Stelle der «toten» Existenz «in den Verfehlungen des Fleisches» ist jetzt also das neue Leben «mit Christus» getreten.

In **V. 13b.14** wechselt der Verfasser mitten im Satz plötzlich vom «ihr» zum «wir». Bisweilen wird dies als ein Zeichen dafür gewertet, daß nun ein älteres Traditionsstück, möglicherweise ein Bekenntnis, zitiert wird, das außer V. 13b.14 auch noch V. 15 umfaßte. Für diese Annahme könnte die Tatsache sprechen, daß das in V. 14 verwendete Bild von der «Annagelung des Schuldscheins» und insbesondere auch

die in diesem Zusammenhang verwendete Begrifflichkeit im Kolosserbrief und sogar im ganzen Neuen Testament sonst nicht mehr begegnen. Andererseits passen
aber die Aussagen inhaltlich und auch nach ihrem Sprachstil gut in den Zusammenhang, so daß es wohl näher liegt, sie als unmittelbar zur Stelle formuliert zu verstehen. Daß der Autor sich hierbei traditioneller Gedanken bedient hat, braucht dabei
gar nicht bestritten zu werden. Denn bei der Aussage von **V. 13b** handelt es sich in
der Tat um einen Bekenntnissatz: Gott hat «uns alle Verfehlungen vergeben». Die
Verwendung der 1. Person Plural zeigt, daß sich «Paulus» hier ganz bewußt mit seinen Lesern zusammenschließt: In ihrer Stellung vor Gott gibt es keinen Unterschied. Der Gedanke der Sündenvergebung ist natürlich traditionell (siehe oben zu
1,14); die vom Verfasser in diesem Zusammenhang gebrauchten Formulierungen
sind allerdings ohne Parallele.

In **V. 14** wird das Bekenntnis zur Sündenvergebung konkretisiert mit Blick auf die in
«Kolossä» bestehende Situation: Gott hat den mit seinen Bestimmungen gegen
«uns» ausgestellten Schuldschein vernichtet. Dieser Satz ist schwierig zu deuten.
Dunkel ist insbesondere der genaue Sinn des im Neuen Testament sonst nicht begegnenden Wortes, das hier entsprechend einem oft belegten Sprachgebrauch mit
«Schuldschein» übersetzt wurde. Wörtlich heißt es «Handschrift», d. h. es handelt
sich um ein handschriftlich unterzeichnetes Dokument (daher auch gelegentlich im
Sinn von «Urkunde» belegt). In der Regel deutet man die Textstelle von Eph. 2,15
her und findet hier wie dort den Gedanken, daß Gott am Kreuz Jesu das Gesetz
(«die mit ihren Bestimmungen gegen uns lautende Urkunde») für abgetan erklärt
habe. Aber eine Anspielung auf die Gesetzesthematik ist weder hier noch sonst im
Kolosserbrief zu erkennen, während in Eph. 2,15 ja ausdrücklich vom Gesetz die
Rede ist. Sehr viel näher liegt es deshalb, bei der oben gewählten Übersetzung zu
bleiben und den Text von dort her zu deuten. Ein «Schuldschein» ist – im Griechischen ebenso wie im Deutschen – nicht eine (in diesem Falle: von Gott) gegen uns
erhobene Anklage; das Wort bezeichnet üblicherweise vielmehr ein von uns selbst
unterschriebenes Schuldbekenntnis. An unserer Stelle meint es eine Selbstanklage,
von der gesagt wird, daß sie sich an bestimmten «Normen» (im Griechischen steht
hier wörtlich: «Dogmen»; aber es ist natürlich nicht an kirchliche Dogmen zu denken, die es ja ohnehin noch nicht gab) orientiert. Diese Selbstanklage der Menschen, so sagt der Verfasser, hat Gott ausgelöscht; er hat sie, wie es wörtlich heißt,
«aus der Mitte herausgehoben», so daß sie nun nicht mehr zwischen Gott und uns
steht. Gott tat dies, indem er jenen Schuldschein, den wir unterschrieben hatten,
ans Kreuz nagelte, ihn also gleichsam als «erledigt» abheftete. Unsere Selbstanklage beruhte darauf, daß wir meinten, wir müßten uns in unserer Gottesbeziehung auf
Normen, auf feste Vorschriften einlassen. Seit dem Christusereignis gilt aber, daß
diese Selbstanklage unter allen Umständen hinfällig geworden ist; denn sie steht im
Widerspruch zu dem Kreuzesgeschehen. *Welche* «Normen» es waren, auf die «wir»
uns einließen, sagt der Verfasser zunächst nicht; man kann aber vermuten, daß damit unter anderem auch die in V. 16ff. genannten und kritisierten Vorschriften gemeint sind.

Die eigenartige Redeweise in V. 14 dürfte von der aktuellen Situation bei den
Adressaten des Briefes her zu erklären sein: Offenbar herrschte in «Kolossä» eine
religiös motivierte *Angst vor Gott*, die Bereitschaft, sich anhand vorgegebener Maßstäbe in der Schuld vor Gott zu sehen. Die Vertreter der im Brief bekämpften «Phi-

losophie» werden diese Angst einerseits nach Kräften gefördert, andererseits aber auch einen Weg gelehrt haben, wie man sich durch religiöse Sonderleistungen aus dieser Schuld befreien könne (vgl. V. 16–18). Hiergegen setzt der Verfasser seine Aussage, daß Gott unsere Selbstanklage, unser Schuldbekenntnis am Kreuz Jesu bereits gelöscht hat. Im Grunde wiederholt er also in V. 14 die Bekenntnisaussage von V. 13b, daß Gott uns alle Verfehlungen vergeben hat. Stammt die Begrifflichkeit von V. 14 möglicherweise direkt aus dem Sprachschatz der «kolossischen Philosophie»? Dann würde der Verfasser unter Verwendung der Worte seiner Gegner sagen, daß es entgegen ihrer Lehre nichts mehr gibt, was uns von Gott trennen kann und trennen darf. Wer etwas anderes lehrt, wer zusätzliche religiös motivierte Leistungen für unabdingbar erklärt, der hat das Geschehen am Kreuz Jesu nicht verstanden. Diese Aussage aber entspricht, trotz der völlig veränderten Ausdrucksweise, sachlich ganz der Theologie des Paulus; sie entspricht insbesondere in der Sache auch der paulinischen Rechtfertigungslehre, obwohl deren Begrifflichkeit als solche im Kolosserbrief ja nicht begegnet.

Mit **V. 15** öffnet sich der Blick des Verfassers, ähnlich wie am Ende von V. 6–10, wieder hin zum ganzen Kosmos: Gott hat «die Mächte und Gewalten» ihres Glanzes und ihrer Herrlichkeit beraubt, er hat sie in ihrer Erbärmlichkeit öffentlich «vorgeführt» und der Lächerlichkeit preisgegeben; deshalb besteht keinerlei Anlaß zur Furcht mehr. Die letzte Aussage, Gott habe diese Mächte «im Triumphzug mitgeführt», nimmt ein typisches Bild römischer Machtentfaltung auf: So wie siegreiche Imperatoren ihre besiegten Feinde und ihre Beute im Triumph durch Rom führten, so hat Gott «in Christus» alle kosmischen Mächte zu Schau gestellt. Wann und wo dies geschah (in der Auferstehung? bei der Himmelfahrt?), sagt der Verfasser nicht; ihm kommt es allein auf das Ergebnis an, daß jene Mächte jetzt vollständig besiegt sind und daß ihnen gegenüber weder Verehrung noch Angst am Platze ist.

Der ganze Abschnitt **V. 6–15** steht also unter einer einheitlichen Überschrift: «In Christus» sind alle den Menschen versklavenden Bindungen gelöst. Die in «Kolossä» auftretende Philosophie lehrte, daß man sich neben dem Glauben an Christus auch an der Verehrung der kosmischen Mächte zu orientieren habe; und sie folgerte daraus, man müsse sich beschneiden lassen und Gott gegenüber einen «Schuldschein» unterschreiben. Der Verfasser des Briefes tritt dem mit der Feststellung entgegen, daß «in Christus» dies alles beseitigt ist, daß der Schuldschein an das Kreuz «angeheftet» worden ist. Von hier aus wird nun durchaus verständlich, warum der Verfasser in V. 12.13 so scheinbar enthusiastisch davon sprechen konnte, die Christen seien bereits vom Tode auferweckt, lebendig gemacht worden. Diese Worte sind gerade nicht die Bestätigung eines hohen religiösen Selbstgefühls; sondern sie sind im Gegenteil dessen Kritik: Die Zusage der schon geschehenen Auferweckung gilt einer Gemeinde, die unter dem Druck steht, den Anspruch der «Weltelemente», der «Mächte und Gewalten», der religiösen Normen zu akzeptieren; von den «kolossischen» Christen wurde verlangt, sie sollten ihren Christusglauben durch fromme Zusatzleistungen ergänzen. Indem der Kolosserbrief dies zurückweist, übernimmt er, trotz seiner zu Röm. 6 eindeutig im Widerspruch stehenden Aussagen, doch die Grundtendenz der paulinischen Theologie – die These nämlich, daß das Heil des Menschen «in Christus» bereits verwirklicht ist und daß jeder Versuch, hier noch etwas hinzuzufügen, sinnlos, ja sachlich gefährlich ist. Allerdings zahlt er dafür einen nicht geringen Preis: Indem er die Auferweckung schon geschehen sein läßt, hat er die Erwartung einer wirklichen Zukunft des einzelnen und der Welt aus seinem theologischen Denken ausgeklammert. An die Stelle der Hoffnung auf Gottes Zukunft ist der Lobpreis der Gegenwart getreten, jenseits derer im Grunde nichts mehr zu hoffen ist. In den folgenden Abschnitten wird zu prüfen sein, ob der Verfasser dies gesehen hat und ob er den damit verbundenen bedrohlichen Konsequenzen zu begegnen vermochte.

2,16–19   Zuversicht im Kampf gegen die Irrlehre

16 Infolgedessen soll niemand über euch ein Urteil fällen bezüglich Speise und bezüglich Trank, oder in Sachen Festtag oder Neumond oder Sabbat, 17 was (ja nur) **ein Schatten der zukünftigen Dinge ist – die Wirklichkeit** (wörtlich: **der Leib**) **jedoch gehört Christus.**
18 Niemand soll euch verdammen, der Gefallen hat an Demut und an Engelsdienst, wie er es bei einer Weihe «geschaut» hat – und der sich dabei doch willkürlich aufblasen läßt von dem durch sein Fleisch bestimmten Sinn, 19 und der nicht festhält an dem Haupt, von dem her der ganze Leib – durch Sehnen und Bänder unterstützt und zusammengehalten – wächst in dem Wachstum, das Gott entspricht (wörtlich: **der Leib … wächst das Wachstum Gottes**).

«Paulus» zieht aus dem Christusverständnis, das in V. 6–15 entfaltet worden war, nun Folgerungen, die ganz unmittelbar das Alltagsleben der angeredeten Christen betreffen: Nachdem und weil Christus über die «Mächte» triumphiert hat (V. 15), besitzt niemand mehr das Recht, Christen auf bestimmte Normen festzulegen, sie zur Befolgung bestimmter vorgegebener Sitten zu zwingen.
Der Verfasser des Briefes geht hier, wie ja auch schon bisher, sehr geschickt vor: Er wendet sich nicht gegen die Christen, an die er schreibt; er behauptet keineswegs, sie seien dabei, dem beschriebenen Druck nachzugeben. Er beschränkt sich im Gegenteil ganz darauf, gegen diejenigen zu kämpfen, die die Christen in «Kolossä» mit ihren Forderungen bedrängen. Dabei gab es gewiß Gemeindemitglieder, die den Lehren der «kolossischen Philosophie» bereits folgten – sonst wäre ja die Abfassung des Briefes kaum notwendig gewesen. Die Absicht des Verfassers lag aber darin, zwischen die angeredeten Christen und die «Irrlehrer» einen Keil zu treiben. Wie vorsichtig der Verfasser dabei vorging, wie sehr er noch hoffte, die Leser von der Richtigkeit seiner Gedanken überzeugen zu können, zeigt der Vergleich mit dem Galaterbrief: Paulus wendet sich dort in sehr scharfen Tönen gegen die galatischen Christen selbst, macht ihnen die schwersten Vorwürfe (Gal. 1,6; 3,1 usw.); er schreibt seinen Brief also offenbar in dem Bewußtsein, daß er in den Gemeinden Galatiens kaum noch etwas zu verlieren hat. Der Schreiber des Kolosserbriefes dagegen vermeidet es sorgfältig, seine Leser bzw. Hörer direkt anzugreifen (vgl. auch den Eingang des Briefes 1,3–8).
Man wird aus **V. 16** den Schluß ziehen müssen, daß die Vertreter der «kolossischen Philosophie» versucht haben, die Gemeinde auf bestimmte Speisevorschriften zu verpflichten. Das Stichwort «urteilen» zeigt an, daß dieser Versuch mit (vermutlich religiös begründeten; vgl. V. 18) Drohungen verknüpft war: Wer die aufgestellten Vorschriften nicht beachtet, verfällt dem «Urteil», das möglicherweise sogar als Vorwegnahme des endzeitlichen Urteils Gottes ausgegeben wurde.

Daß Angehörige einer religiösen Gemeinschaft sich auf die Einhaltung bestimmter Speisevorschriften verpflichten, war (und ist) nichts Ungewöhnliches. Die Begriffe «Speise und Trank» könnten sich z. B. beziehen auf den Verzicht, Fleisch zu essen oder Alkohol (d. h. Wein) zu trinken. Wenn das so ist, dann geht es in der Gemeinde, an die der Brief sich wendet, um einen ähnlichen Konflikt, wie er im Römerbrief (Röm. 14) diskutiert wird. Dort plädiert Paulus für eine am Christusgeschehen orientierte Lösung (V. 14f. 20f.): Er empfiehlt, in bezug auf die Speisen auf den Bruder Rücksicht zu nehmen, obwohl «an sich» ja überhaupt nichts unrein ist. Im Kolosserbrief hat sich der Konflikt erheblich mehr zugespitzt; denn die Speisevorschriften sind offenbar eine unmittelbare Folge jener Lehre, die nach Meinung des Verfassers dem Christusglauben direkt widerspricht (V. 8). Deshalb *kann* der Verfasser des Briefes an dieser Stelle keinesfalls den Gedanken der Toleranz innerhalb der Gemeinde vertreten, wenn er nicht die Wahrheit seines Glaubens verraten will.

In **V. 16b** wird – stärker noch als zuvor in V. 11 – deutlich, daß die bekämpften Gegner die Beachtung jüdischer Sitten verlangen: Beim Stichwort «Festtag» ist an die großen jüdischen Jahresfeste zu denken (vor allem also an das Laubhüttenfest im Herbst und an das Passa im Frühjahr); das Stichwort «Neumond» erinnert daran, daß der jüdische Monatsanfang durch Himmelsbeobachtung festgelegt wurde (vgl. Gal. 4,10), wofür sich in 4. Mose 28,11–15 eine ausführliche Opferanweisung findet; der Sabbat schließlich, der zuletzt genannt wird, war *das* typische jüdische Fest – ein regelmäßig wiederkehrender Feier- und Ruhetag, für den es in der heidnischen Umwelt nichts Vergleichbares gab. Dies alles spricht erneut dafür, daß die «kolossische Philosophie» vom jüdischen Denken zumindest stark beeinflußt war (siehe oben zu 2,11); der Schreiber des Briefes sah in der Hinwendung zu diesen Traditionen und Sitten offenbar eine Rückkehr der Christen unter die Herrschaft der «Elemente» (V. 8), d. h. unter die durch Christus ihrer Herrlichkeit doch schon entkleideten Mächte und Gewalten (V. 14f.).

Die nähere Erläuterung, die **V. 17** gibt, ist nicht leicht zu verstehen. Klar ist, daß von dem Widerspruch die Rede ist, der zwischen «Schatten» und «Wirklichkeit» besteht. Klar ist ferner, daß die Speise- und Festvorschriften auf die Seite des Schattens gehören und daß umgekehrt die Wirklichkeit durch Christus bestimmt ist, was offenbar bedeutet, daß jede Form von Rückzug aus der Wirklichkeit, jede Askese, überflüssig und sogar schädlich geworden ist (vgl. Röm. 14,14; Tit. 1,15). Klar ist schließlich, daß der Autor für «Wirklichkeit» bewußt denjenigen Ausdruck verwendet, der in Verbindung mit Christus üblicherweise den «Leib Christi» bezeichnet, der also der Beschreibung der Kirche dient. Aber inwiefern sind die Feste ein «Schatten des Zukünftigen»? Soll etwa gesagt werden, daß diese Feste durchaus eine (wenn auch nur schattenhafte) Vorabbildung dessen sind, was in der endzeitlichen Zukunft «leiblich» da sein wird? Warum dann, so müßte man fragen, die Kritik an diesen Festen in V. 16? Am einfachsten ist es wohl, wenn man die Wortverbindung «Schatten des Zukünftigen» streng im Wortsinne faßt: «Das Zukünftige» (das in 3,4 «Herrlichkeit» genannt werden wird) wirft gegenwärtig einen dunklen Schatten; verglichen mit der Wirklichkeit Christi, die Gegenwart und Zukunft umfaßt, ist die Gegenwart, wie sie durch V. 16 gekennzeichnet ist, dunkel und unwirklich, mehr noch: Aus der Sicht des «Zukünftigen» ist diese Gegenwart im Grunde schon vergangen und abgetan; schon deshalb wäre es unsinnig und unverständlich, wollten Christen sich darauf noch einmal einlassen.

V. 18a wiederholt in verschärfter Tonart, was in V. 16 bereits gesagt worden war: Es gibt Leute, die «euch» verdammen (wobei zu ergänzen ist: Weil «ihr» den von ihnen aufgestellten Vorschriften nicht folgt). Dabei werden jene «Irrlehrer» erstmals direkt und persönlich angegriffen: Es sind Leute, die «Gefallen haben» an Demut und an kultischer Engelverehrung. Möglicherweise sind dies Begriffe, die von den «Irrlehrern» selbst verwendet wurden. Zumindest «Demut» kann ja nicht von vornherein als Vorwurf gemeint gewesen sein (vgl. nur 3,12!), sondern bezeichnet zunächst einmal eine doch wohl gute Eigenschaft oder Haltung des Menschen. Der Fehler im Verhalten jener Leute steckt darin, daß sich ihre Verehrung und ihre Demut auf einen unwürdigen Gegenstand richtet (die «Engel» sind wohl zu sehen im Zusammenhang mit den «Mächten» in V. 15), und daß sie – wie der Autor ironisch betont – selbst «Gefallen haben» an ihrer eigenen Haltung.

Waren V. 16 und vielleicht auch noch V. 18a dahin zu verstehen, daß die im Brief bekämpften Gegner jüdische Vorstellungen und Sitten vertraten, so setzt **V. 18b** einen ganz anderen Akzent: Die Gegner begründen ihre Lehre und ihr Verhalten mit den Erfahrungen, die sie bei «Weihen» (das hier verwendete griechische Wort bezeichnet üblicherweise das «Hineinschreiten» in ein Heiligtum) und bei den damit verbundenen «Visionen» gemacht haben.

Man kann aufgrund dieser – freilich sehr knappen – Aussage annehmen, daß die Gegner zumindest auch durch Vorstellungen beeinflußt waren, die sich in den *Mysterienreligionen* finden: Demjenigen, der die Weihe empfängt, werden «Geheimnisse» (griechisch: mysteria) geoffenbart; der Myste «sieht» die verehrte Gottheit und ihre Herrlichkeit von Angesicht zu Angesicht. Die «Eingeweihten» hielten ihre religiösen Praktiken üblicherweise geheim, so daß wir kaum direkte Zeugnisse von einer solchen «Weihe» besitzen. Eine ausführliche Schilderung gibt aber der Roman «Der goldene Esel» (oder: Metamorphosen, d. h. Verwandlungen) des römischen Schriftstellers Apuleius, der im 2. Jahrhundert n. Chr. lebte. Im 11. Buch dieses Romans beschreibt der Erzähler, wie er die Einweihung in das Mysterium der Göttin Isis empfing, wobei er, wie er sagt, die Pforten des Himmels und der Unterwelt durchschritt. «Mitten in der Nacht sah ich die Sonne in hellem Lichte strahlen; vor das Angesicht der unteren und der oberen Götter trat ich, und ich betete sie aus nächster Nähe an.» Allerdings, so fährt der Erzähler dann fort, könne der Uneingeweihte dies keinesfalls verstehen; deshalb müsse sich die weitere Schilderung auf das beschränken, was bei der Einweihung öffentlich sichtbar gewesen sei: Der Myste steht auf einer Bühne im Tempel, bekleidet mit einem Gewand, das ihn als Abbild der Göttin erscheinen läßt: «Von den Schultern hing mir ein kostbarer Mantel den Rücken hinab bis zu den Fußknöcheln. Überall, wohin man auch sah, war ich mit Tierbildern gekennzeichnet ... Die Geweihten nennen das die olympische Stola. In der rechten Hand aber hielt ich eine lodernde Fackel, und mein Haupt krönte ein leuchtender Palmenkranz, dessen Blätter strahlenförmig hervorragten» – der Myste erscheint also als Verkörperung der Sonne, die mit Isis gleichgesetzt ist. Der Roman des Apuleius trägt allerdings stark satirische Züge; es läßt sich deshalb nicht sicher sagen, ob sein Verfasser für den Isis-Kult werben wollte (wofür der an vielen Stellen betont feierliche Stil spräche), oder ob er eine ironisch-verfremdende Darstellung gibt. Jedenfalls vermittelt Apuleius dem heutigen Leser einen plastischen Eindruck von einer solchen Mysterien-Einweihung.

Der Schreiber des Briefes hat nun nicht etwa bezweifelt, daß die Gegner eine solche

«Vision» tatsächlich gehabt haben. Sehr viele Handschriften meinten dies später ändern zu müssen, indem sie ein «nicht» einfügten; aber «Paulus» bestreitet den Lehrern der «kolossischen Philosophie» nicht ihre Erfahrung als solche – er bestreitet hingegen nachdrücklich, daß hinter dieser Erfahrung die Wirklichkeit Christi steht (vgl. V. 17).

Konnte man aufgrund der Aussagen in V. 11–15.16 annehmen, die Gegner seien von der Gnosis beeinflußte Judenchristen, die die Einhaltung jüdischer kultischer Normen auch christlich für verbindlich hielten, so zeigt nun der Hinweis auf die (Mysterien-)Weihen, daß die Verhältnisse offenbar noch komplizierter sind: Wahrscheinlich haben die Gegner sowohl gnostische Vorstellungen und jüdische Überlieferungen als auch Elemente der Mysterienreligionen mit dem christlichen Bekenntnis zu verbinden und zu vermitteln gesucht; so entstand die besondere Gestalt der «kolossischen Philosophie» (siehe hierzu die Nachbemerkungen S. 81–86).

Der Verfasser schließt seine Ausführungen in V. 18 mit böser Polemik: Jene, die anderen Vorschriften machen wollen bezüglich Speise und Trank, die sich auf religiöse Erlebnisse aus Weihehandlungen berufen und Engelverehrung treiben – jene sind in Wahrheit nur «grundlos aufgeblasen» durch ein Denken, das sich ganz auf das «Fleisch» richtet. Das Denken der Gegner orientiert sich also nicht an (Gottes) Geist oder an (Gottes) Weisheit (vgl. 2,3), sondern im Gegenteil an ihrer eigenen Verfallenheit an das Irdische. Hier ist freilich zu beachten, daß dies kaum eine Beschreibung des tatsächlichen Inhalts und der tatsächlichen Absichten der Vertreter der «kolossischen Philosophie» gewesen sein wird; die Gegner hätten *diesen* Vorwurf nachhaltig (und wohl auch mit einem gewissen Recht) zurückgewiesen. Der Vorwurf, der Gegner halte sich nicht an die von ihm selbst aufgestellten Maßstäbe, ist ja in der Polemik gegen theologische (und auch andere) «Irrlehrer» schon immer üblich gewesen.

Auf dieser Grundlage formuliert der Verfasser in **V. 19** endlich seine schärfste Anklage: Vom Gegner gilt, daß er nicht festhält am «Haupt», d. h. an Christus (vgl. 1,18; 2,10). Eigentlich enthält V. 19a keinen zusätzlichen Vorwurf über das bisher Gesagte hinaus. Vielmehr wird alles, was in V. 16–18 gesagt worden war, zusammengefaßt in der Feststellung, mit solcher Art zu denken und zu handeln habe der Gegner Christus «losgelassen». Wie in 1,18 und vor allem 1,24 verwendet der Schreiber das Bild vom Haupt und dem Leib, wobei er sich bei der näheren Beschreibung geradezu der medizinischen Fachsprache bedient: «Sehnen und Bänder» halten vom Kopf her den Körper zusammen und stützen ihn. Mit dem «Leib», der die Kirche ist, verhält es sich nicht anders: Er hat nicht aus sich selbst heraus Bestand; sondern er wird ganz und gar vom «Haupt» her versorgt. Deutlicher noch als in 1,18.24 zeigt sich hier die Veränderung des Bildes gegenüber den Aussagen bei Paulus selbst: Nicht mehr ist die Kirche als solche der «Leib Christi», in welchem der Kopf nur ein Glied neben vielen anderen ist (1. Kor. 12,21); sondern Christus ist das Haupt, die Kirche der Leib (vgl. später Eph. 4,15f.). Der Verfasser bleibt ganz im Bild, wenn er am Schluß sagt, daß der Leib «wächst», und zwar von Gott her und auf Gott hin. Welchen Sinn diese Bezugnahme auf die Kirche am Ende dieses Gedankenganges hat, ist klar: Wer nicht an Christus festhält, der gefährdet die Kirche und deren «Wachsen». Da diese Kirche aber eine Einheit ist, bedeutet jede Abwendung von Christus zugleich eine «Spaltung» des Leibes; der Gegner ist also tatsächlich ein «Spalter» der Kirche, er ist im eigentlichen Sinne des Wortes ein Häretiker.

2,20–23   Mit Christus gestorben

20 Wenn ihr zusammen mit Christus den Weltelementen hinweggestorben seid, wieso laßt ihr euch Vorschriften auferlegen, als lebtet ihr in (dem Machtbereich) **der Welt – 21 «Du sollst nicht anfassen.» «Du sollst nicht essen.» «Du sollst nicht berühren.»: 22 Das alles ist doch bestimmt zum Verderb durch den Verbrauch! – entsprechend den Geboten und Lehren, die von Menschen stammen? 23 Dies hat zwar den Ruf von Weisheit, in freiwilligem Kult und Demut und Strenge gegen den Leib; doch** (in Wirklichkeit) **hat es keinerlei Wert** (sondern dient nur) **zur Befriedigung des Fleisches.**

Hier wird der «aktuelle» Teil der theologischen Auseinandersetzung des «Paulus» mit den Gegnern in «Kolossä» abgeschlossen. Die V. 20–23 stehen bereits in engem Zusammenhang mit dem Abschnitt 3,1–4, wie insbesondere die Übereinstimmungen zwischen 2,20a und 3,1a zeigen. Dann beginnt, zunächst noch vorwiegend theoretisch und allgemein, dann aber immer konkreter werdend, die *Weisung* (Paränese) an die Leser, die deren persönliches Verhalten betrifft.

Die Mahnungen des «Paulus» an die «Kolosser» werden nun drängender. Jetzt sind nicht mehr allein die Gegner im Blick, sondern erstmals (**V. 20**) vor allem die angeredeten Christen selbst. Sie werden gefragt, warum sie ihrer von Christus ihnen geschenkten Freiheit nicht folgen. Die Aussagen in V. 20a (und dann in 3,1) sind ein Rückgriff auf V. 12: In der Taufe, an die wohl auch hier zu denken ist, sind die Christen zusammen mit Christus gestorben (V. 20a beschreibt, trotz des «wenn» am Anfang, eine schon erfüllte Bedingung), sie haben Jesu Tod für sich übernommen. Dieser Gedanke begegnete bei Paulus in Röm. 6,2, dort ausdrücklich bezogen auf die Feststellung, daß die Christen «in bezug auf die Sünde» tot sind und diese also keine Macht mehr über sie besitzt. Im Kolosserbrief wird das nun auf die «Elemente» (vgl. V. 8) übertragen: Die «Elemente der Welt», die man sich als dämonische Mächte, ebenso aber auch als unpersönliche Normen und Zwänge, die über den Menschen herrschen, vorstellen kann, haben jeden Einfluß auf die Christen eingebüßt; denn an der Schwelle des Todes endet ihre Macht. Das Gestorben-Sein in der Taufe, so betont der Verfasser, hat also unmittelbar Folgen für die Bindungen des Menschen an seine «Welt». Warum aber, so fragt er von daher nun erstaunt, verhalten sich die Angeredeten so, als seien sie gar nicht getauft, als lebten sie noch «in der Welt» und müßten sich von ihr noch Vorschriften machen lassen? Man kann diese Frage leicht mißdeuten: Der Paulus des Kolosserbriefes will nicht sagen, die Christen hätten die Welt schon verlassen und befänden sich gleichsam schon «im Himmel» (vgl. aber zu 3,1). Vielmehr wird man den Begriff «Welt» so zu verstehen haben, wie es in der Übersetzung bereits angedeutet wurde: Die «*Welt*» besitzt durch ihre «Elemente» *Macht* über alle Menschen; doch im Bereich des Christus ist diese Macht aufgehoben, vernichtet. Wer sich trotzdem «Vorschriften» machen läßt, wer sich den Maßstäben der Welt unterwirft, der verleugnet damit die Freiheit, die ihm in der Taufe zugesprochen worden war.

Um welche Art von Vorschriften es dabei geht, sagte im Grunde schon V. 16; nun wird es vor allem deutlich in **V. 21**: Es sind asketische Gebote (V. 16) und Verbote (V. 21), massive Formen der Enthaltsamkeit, ja geradezu religiös begründete «Tabus». Die drei Verbote in V. 21 lesen sich beinahe so, als stammten sie aus dem Katechismus der «kolossischen Philosophie». Aber wahrscheinlich war es doch der Verfasser des Briefes selbst, der die Lehren seiner Gegner in dieser ironisierenden Form zusammenfaßte; dafür spricht die betont spitzfindige Unterscheidung zwischen dem ersten und dem dritten Verbot, die offenbar das ganze damit verbundene Denken und Verhalten lächerlich machen soll. Der Verfasser will zeigen, daß gerade solche Askese, solche *Weltflucht*, eine pervertierte Form religiöser *Weltverehrung* ist: Wer bestimmte Speisen meidet, weil er sie aus religiösen Gründen fürchtet, wer bestimmte Dingen nicht zu berühren wagt aus Angst, sich zu verunreinigen, der mißt diesen Dingen gerade dadurch eine Ehre und Würde zu, die ihnen in Wahrheit nicht gebührt; er unterwirft sich gerade so den Normen, die die «Welt» aufgerichtet hat.

Was da nicht gegessen werden darf und nicht berührt werden soll, sagt der Schreiber des Briefes nicht; es ist für ihn an dieser Stelle auch ganz unwichtig (und seine ursprünglichen Leser wußten ohnehin Bescheid). Entscheidend ist, daß überhaupt derartige Verbote aufgestellt und zu Normen christlicher Lebensführung erhoben werden. Man kann allerdings aus **V. 22a** schließen, daß es um das Berühren bestimmter Gegenstände und um die Verwendung bestimmter «Gebrauchsgüter» geht: Der Verfasser tritt dafür ein, mit Profanem auch wirklich profan umzugehen, jeden Anschein einer religiösen Scheu vor den Dingen zurückzuweisen. Der Autor des 1. Timotheusbriefes wird später in ähnlichem Zusammenhang ausdrücklich davon sprechen, daß alle diese Dinge von Gott geschaffen sind (1. Tim. 4.3f.) und eben deshalb menschlicher Verfügung unterstehen.

Den Nachsatz **V. 22b** könnte man rein vom Sprachlichen her direkt auf V. 22a beziehen; das hieße dann, daß der Gebrauch jener Dinge den Maßstäben der Menschen entspricht. Sehr viel wahrscheinlicher ist es aber, daß sich V. 22b an V. 21 anschließt und V. 22a als klärende Zwischenbemerkung anzusehen ist (siehe oben Übersetzung und Interpunktion). In V. 21.22b ist dann also gesagt, daß das Verbot, bestimmte Dinge zu essen bzw. anzufassen, nicht etwa *Gottes* Forderung entspricht, sondern allein auf *menschliche* Satzung und Setzung zurückgeht. Im Hintergrund dieser Aussage steht offensichtlich der griechische Text von Jes. 29,13 (eine Bibelstelle, die auch in Mk. 7,6f. / Mt. 15,8f. in vergleichbarem Zusammenhang angeführt wird): «Sie ehren mich mit ihren Lippen, aber ihr Herz ist fern von mir; vergeblich verehren sie mich, sie lehren Gebote und Lehren der Menschen».

Welcher Art diese menschlichen Lehren sind, sagt **V. 23**. Dabei verwendet der Verfasser vier Stichworte, die möglicherweise von den Lehrern der «kolossischen Philosophie» selbst propagiert wurden: «Weisheit», «freiwilliger Kult», «Demut» und «Strenge gegen den Leib». Im scharfen Widerspruch hiergegen behauptet der Verfasser, daß die Befolgung dieser «Werte und Tugenden» nicht der Ehre (Gottes) dient, sondern allein der Befriedigung des Fleisches. Der Gehorsam gegenüber diesen Geboten folgt also aus dem Bedürfnis des Menschen nach einer religiösen Bindung und Leistung, deren Maßstäbe er sich selbst setzt. Von dieser Beobachtung her liegt es nahe, die aufgezählten «Tugenden» als bewußt doppelsinnig formuliert zu verstehen: Jene Lehren sind nicht «Weisheit»; sondern sie haben nur diesen Ruf. Der «freiwillige Kult» ist nichts anderes als eine «selbstgemachte», eigenmächtige Religion. «Demut» ist, wie in V. 18, das unangemessene Verhalten, die Unterwürfigkeit gegenüber jenem, dem in Wahrheit keine Demut gebührt. Die «Strenge gegen den Leib» ist die in V. 18.21f. gerade scharf zurückgewiesene Askese. An sich klingt es natürlich merkwürdig, daß gerade die Askese der «Befriedigung des Fleisches» dienen soll. Aber «Fleisch» bezeichnet hier, ähnlich wie bei Paulus, nicht vor allem die Körperlichkeit des Menschen, insbesondere nicht speziell seine Sexualität; sondern «Fleisch» ist der Mensch in seiner Selbstmächtigkeit und damit in seinem Widerspruch gegen Gott. Religiöses Verhalten, das dem Willen Gottes widerspricht, entspricht mithin menschlichen Maßstäben, menschlichen Bedürfnissen; und zu diesen Bedürfnissen gehört eben auch die Religiosität.

Damit ist der Gedankengang von 2,6–23 abgeschlossen: Aus den zunächst so lebensfremd wirkenden Aussagen von V. 6–15 ergaben sich sehr praktische, das Leben im Alltag bestimmende Folgen: Wenn die «Mächte und Gewalten» tatsächlich entthront sind, dann haben auch ihre irdischen «Ausläufer» jeden Einfluß verloren. Es *kann* deshalb die von der «kolossischen Philosophie» geforderte Ergänzung des Christusglaubens gar nicht geben, weder auf dem Gebiet des ethischen Handelns, noch auf dem der religiösen Praxis. Jede derartige Ergänzung widerspricht dem Glauben an die Herrschaft Christi.

An dieser Stelle meldet der Kolosserbrief unübersehbar seine Fragen an die Christen und Gemeinden jeder Generation an: Wo droht die Gefahr, zusätzliche Forderungen – in welchem Bereich auch immer – für christlich verbindlich zu erklären? Wo gewinnen ethische Entscheidungen eine religiöse Eigenständigkeit? Wo beansprucht die an das Verhalten gerichtete Forderung eine religiöse Qualität? Welches sind die «Elemente der Welt», deren Verehrung neben dem Glauben an Christus für notwendig erklärt wird? Der Konflikt, um den es geht, wird verständlich beim Begriff der «Demut»: Demut ist ja zweifellos eine «positive» Größe, auch im Zusammenhang christlicher Lebensführung (vgl. Kol. 3,12). Sobald die Demut aber verselbständigt wird, sobald sie sich von Christus löst, hat Christus seine Rolle als Herr der Christen eingebüßt, sind andere Mächte – hier also das «gute Gewissen» der praktizierenden religiösen Demut – gleichberechtigt neben ihn getreten. Eine solche Einschränkung der alleinigen Macht Christi ist aber die größte überhaupt denkbare Bedrohung des Glaubens – die eigentliche «Irrlehre», gegen die der Kolosserbrief kämpft.

3,1–4,6   Zweiter Hauptteil: Die Christuswirklichkeit im Leben der Christen

3,1–4   «Strebt nach dem, was oben ist!»

1 Seid ihr nun also mit Christus auferweckt worden, so strebt nach dem, was oben ist, wo Christus sitzt zur Rechten Gottes. 2 Nach dem, was oben ist, richtet euch aus, nicht nach dem, was zur Erde gehört. 3 Denn gestorben seid ihr, und euer Leben ist verborgen mit Christus bei Gott. 4 Wenn Christus offenbar werden wird – euer Leben –, dann werdet auch ihr mit ihm offenbar werden in Herrlichkeit.

Mit Kap. 3 beginnt der zweite, ethische Fragen behandelnde Teil des Kolosserbriefes. Der einleitende Abschnitt 3,1–4 steht sachlich in der Mitte des ganzen Briefes und bildet gleichsam dessen «Angelpunkt»: Bis jetzt hatte «Paulus» seinen Lesern eindringlich vor Augen geführt, daß Christus für sie das Heil bewirkt hat und daß deshalb alle zusätzlichen Bindungen und Gebote überflüssig, ja gefährlich sind; nun will und muß er zeigen, daß auch für das Leben mit Christus bestimmte sittliche Weisungen gelten. Dabei kommt für ihn alles darauf an, daß diese beiden Aussagen nicht auseinandergerissen werden; sie sind im Gegenteil so aufeinander zu beziehen, daß die *Zusage* der Heilswirklichkeit der Formulierung der *Forderung* voransteht. Deshalb betont der Briefschreiber in V. 1a. 3 unter Rückgriff auf 2,12f. 20 nochmals die Zugehörigkeit der Christen zu Christus. Parallel dazu formuliert er in V. 1b. 2 die in der Befehlsform gehaltene Mahnung, so zu leben, wie es der schon verwirklichten Zugehörigkeit zu Christus entspricht. V. 4 öffnet dann den Blick für die Zukunft. Diese enge Verknüpfung von Zusage und Forderung begegnet schon bei Paulus selbst, deutlich erkennbar vor allem im Aufbau des Galater- und des Römerbriefes. Der Verfasser des Kolosserbriefes (und später auch der des Epheserbriefes) hat diese theologische Argumentationsweise von Paulus übernommen.

Ethische Weisung und Mahnung («*Paränese*») ist ein fester Bestandteil urchristlicher theologischer Rede, vor allem in den Briefen. Dabei beziehen sich die Verfasser gar nicht immer auf aktuelle Probleme in den von ihnen angesprochenen Gemeinden; häufig beschränken sie sich vielmehr darauf, allgemein verbindliche Bestimmungen anzuführen und die Leser zu mahnen, daran festzuhalten und entsprechend zu leben. Nicht selten werden gerade in solchen Briefabschnitten fest formulierte Überlieferungsstücke aufgenommen. So bedient sich Paulus langer Aufzählungen von «Tugenden» und vor allem von «Lastern» (Gal. 5,19–23; vgl. Röm. 1,29–31; man spricht von «Tugend- und Lasterkatalogen»); in den nachpaulinischen Briefen finden sich darüber hinaus die sogenannten «Haustafeln», die jedes Gemeindeglied an die Handlungsmaßstäbe erinnern, die für sein Leben gelten sollen (Kol. 3,18–4,1; Eph. 5,22–6,9; 1. Petr. 2,18–3,7).

Mit **V. 1a** faßt der Schreiber des Briefes das in 2,6–23 Gesagte zusammen: Die Christen sind mit Christus bereits auferweckt, d. h. Gott hat an ihnen sein Heilshandeln ebenso vollzogen wie an Christus selbst. Der Verfasser spielt hier auf das Bekenntnis an: Nur deshalb, weil Gott an Christus gehandelt hat, kann in dieser Weise bereits von der Verwirklichung des Heils für die Christen gesprochen werden. Von Paulus her sind hier gewiß Vorbehalte anzumelden: Nach der Theologie des Apostels leben die Christen «zwischen» der schon geschehenen Rechtfertigung (von der im Kolosserbrief nicht die Rede ist) und der noch ausstehenden Auferweckung (Röm. 5,1f.; 6,1–11). Dieser «Vorbehalt» fällt im Kolosserbrief aus (siehe oben zu 2,6–15; S. 45f.). Aber seine Argumentation wird verständlich, wenn man an die Situation denkt, in die hinein der Brief geschrieben wurde: Die angeredete Gemeinde steht unter dem Druck, die Einhaltung religiöser und sittlicher Normen als heilsnotwendig anzuerkennen (2,14. 16); deshalb sagt ihr der Verfasser des Briefes, daß das Heil bereits endgültige Wirklichkeit geworden ist. Doch dies bedeutet nicht, daß es nun auf das eigene Handeln gar nicht mehr ankäme. Darum schließt sich sogleich (**V. 1b**) der Aufruf an, die Christen sollten streben nach dem, was «oben» ist. Das Wort «oben» ist hier ganz wörtlich zu verstehen: Gemeint ist ja der himmlische Ort, wo sich Christus befindet. Die Christen werden also nicht etwa gemahnt, «nach Höherem» zu streben; sondern ihnen wird gesagt, daß sie sich so verhalten sollen, wie es der Wirklichkeit ihrer Auferweckung entspricht. Was das konkret und praktisch heißt, wird von 3,5 an dann näher ausgeführt werden. Der Hinweis auf das Sitzen Christi zur Rechten Gottes entstammt einem für den Verfasser bereits traditionellen Christusverständnis, das an Ps. 110,1 anknüpft. Dieser Psalmvers wird an vielen Stellen des Neuen Testaments ausdrücklich zitiert (1. Kor. 15,25; Mk. 12,36; Apg. 2,34f.; Hebr. 1,13) und an weiteren Stellen vorausgesetzt (Röm. 8,34; Mk. 14,62; Eph. 1,20). Nach urchristlicher Auslegung spricht der Psalm davon, daß Christus von Gott zum himmlischen Herrscher eingesetzt worden ist; der Verfasser des Kolosserbriefes kann die Aussage vor allem auch deshalb übernehmen, weil sie den ihm wichtigen räumlichen Aspekt der Auferweckung (und damit Erhöhung) Christi unterstreicht.

V. 2 ist fast eine Wiederholung von V. 1b; nur geht es jetzt um die genauere Beschreibung dessen, was mit dem in V. 1b erwähnten «Streben» gemeint ist: Die Christen sollen ihr Denken und ihr Handeln, also «sich selbst», ausrichten an der himmlischen, nicht an der irdischen Wirklichkeit (vgl. dazu Röm. 8,5). Der Verfasser meint damit nicht, man brauche sich um irdische Dinge nicht zu kümmern; es geht ihm vielmehr darum, daß nicht die Maßstäbe der Welt zum Maßstab des eigenen Lebens gemacht werden (vgl. Röm. 12,1f.). Denn, so sagt **V. 3**, die Christen sind ja «gestorben» (vgl. 2,20); sie sind also frei von den in der Welt geltenden Ansprüchen. Ihr «Leben» ist an Christus gebunden. An dieser Stelle scheidet sich das Denken des Kolosserbriefes deutlich von allem religiösen Enthusiasmus, der meint, das Irdische schon hinter sich zu haben: Die geschehene Auferweckung hebt den Tod nicht auf; das wahre, endgültige Leben ist noch verborgen «mit Christus», d. h. im Himmel (V. 1), bei (oder «in») Gott (vgl. Röm. 6,2ff.; ähnlich 1. Joh. 3,2).

V. 4 nennt das Ziel der Verborgenheit: Wenn Christus «offenbar» werden wird, wenn er in seiner Herrlichkeit erscheint, dann werden auch die Christen zusammen mit ihm verherrlicht werden. Christus selbst wird hier als «euer Leben» (nach weniger guter Textbezeugung: «unser Leben») bezeichnet, das ja (wenn auch noch verborgen; V. 3) schon Gegenwart ist. Dies hat Konsequenzen: Wenn Christus offenbar werden wird, also bei seiner – wie Paulus sagt – Ankunft («Parusie»; 1. Thess. 3,13; 4,15; 1. Kor. 15,23; vgl. Mt. 24,3; 2. Petr. 3,4), dann wird es nach der Theologie des Kolosserbriefes zwar gewiß keine *Auferstehung* im Sinne der Aussagen von 1. Kor. 15,12ff. geben – eine derartige Hoffnung wäre im Anschluß an das in Kol. 3,1 (und zuvor bereits in 2,12f.) Gesagte wohl kaum möglich. Der Verfasser hofft stattdessen auf eine künftige *Verherrlichung*; das bedeutet aber, daß auch für ihn die Erwartung einer Zukunft durchaus nicht ausfällt. Er verzichtet aber vollständig darauf, diese Zukunft in irgendeiner Weise auszumalen oder sie auch nur mit einer bestimmten Vorstellung zu verbinden (vgl. dagegen etwa die Aussagen bei Paulus in 1. Thess. 4,13–18 und vor allem 1. Kor. 15).

Damit hat der Verfasser den Rahmen für seine in 3,5–4,6 folgenden Mahnungen abgesteckt: Ethische Weisung beruht für ihn auf dem Bekenntnis zum bereits verwirklichten Heil, zugleich aber auf der Erwartung der noch ausstehenden Herrlichkeit. Aus diesem Grunde ist es notwendig und zugleich auch möglich, durch das Handeln in der Welt Christus zu bezeugen.

3,5–11　　　Der alte Mensch und der neue Mensch

5 Tötet also die Glieder, die zur Erde gehören: Unzucht, Unreinheit, Leidenschaft, böse Gier und die Habsucht, die ein Götzendienst ist; 6 ihretwegen kommt das Ge-

richt Gottes [über die Söhne des Ungehorsams]. 7 Auch ihr habt darin einst euren Lebenswandel geführt, als ihr unter diesen lebtet. 8 Jetzt aber legt auch ihr das alles ab: Zorn, Wut, Bosheit, Lästerung, schmutzige Rede aus eurem Munde – 9 Belügt einander nicht! –, indem ihr den alten Menschen mitsamt seinen Taten auszieht 10 und den neuen anzieht, der sich erneuert zur Erkenntnis gemäß dem Bild dessen, der ihn erschaffen hat. 11 Da gibt es nicht (mehr) Grieche und Jude, Beschneidung und Vorhaut, Barbar, Skythe, Sklave, Freier, sondern alles und in allen: Christus.

Dieser Abschnitt enthält einige Schwierigkeiten. In V. 6 gibt es zunächst ein Problem der *Textüberlieferung* (siehe die Übersetzung): Die Worte «über die Söhne des Ungehorsams» fehlen in einigen sehr alten Handschriften. Da in Eph. 5,6b der Satz aus Kol. 3,6 fast wörtlich wiederholt wird, und zwar *mit* dem Hinweis auf die «Söhne», kann man nun entweder annehmen, der Schreiber des Epheserbriefes habe jene Wendung im Kolosserbrief bereits vorgefunden und übernommen; oder man kann umgekehrt vermuten, die Abschreiber des Kolosserbriefes hätten ihren Text entsprechend der Parallele im Epheserbrief korrigiert. Wahrscheinlicher ist die erste Annahme; und dies hat Folgen für die Auslegung nicht nur von V. 6 (siehe unten), sondern auch von V. 7: Der Verfasser meint offenbar, daß die Angeredeten einst durch jene in V. 5 aufgezählten Verfehlungen bestimmt gewesen seien, als sie noch «unter den Söhnen des Ungehorsams» lebten, als sie also als Heiden im aktiven Widerspruch gegen Gott existierten. Ein *Übersetzungsproblem* steckt in V. 9b. 10: Man kann den Satz über das «Ausziehen» und «Anziehen» auch so übersetzen, daß damit die in der Befehlsform ausgesprochene Mahnung von V. 9a einfach fortgesetzt wird; so hat jedenfalls der Verfasser des Epheserbriefes (Eph. 4,24) die Stelle verstanden, und so deuten auch viele moderne Ausleger. Denkbar wäre auch, daß hier eine Begründung für die in V. 5–9a aufgestellten Forderungen gegeben werden soll: «... weil (oder: nachdem) ihr ausgezogen habt ...». Am wahrscheinlichsten ist es aber wohl, daß hier beschrieben wird, in welcher Weise sich die Verwirklichung der in V. 8 formulierten Forderung vollziehen soll.

Mit 3,5–11 beginnt die Aufzählung der inhaltlichen Weisungen («materiale Ethik»). Der Verfasser gliedert den Abschnitt dadurch, daß er unter Verwendung des *«Einst-Jetzt-Schemas»* (siehe oben zu 1,21f.) Vergangenheit (V. 7) und Gegenwart (V. 8) der Angeredeten einander gegenüberstellt: «Einst» waren sie gebunden an die irdischen Verfehlungen; «jetzt» kann von ihnen verlangt werden, daß sie sich aus diesen Bindungen vollständig lösen, indem sie «den alten Menschen ausziehen» und «den neuen Menschen anziehen». Die dadurch entstehende und schon entstandene neue Wirklichkeit ist bestimmt durch die in Christus geschehene Aufhebung der von Menschen zwischen Menschen gezogenen Grenzen (V. 11).

V. 5 bezieht sich zurück auf V. 3: Das «Gestorbensein» soll konkretisiert werden durch die «Tötung der Glieder». Der Verfasser knüpft hier vielleicht an Röm. 6,13. 19 an; seine Aussage ist aber stärker als bei Paulus mythologisch bestimmt. Vorausgesetzt ist nämlich wohl die Vorstellung, daß der Mensch in seinem irdischen Existieren aus fünf «Gliedern» besteht, Lastern oder Verfehlungen, die namentlich aufgeführt werden. Solche fünfgliedrigen «Kataloge» (vgl. V. 8) stammen ihrer Form nach aus alter Tradition, wahrscheinlich aus der iranischen Religion; sie wollen die Ganzheit des Menschen beschreiben. Gewiß ist dem Verfasser des Kolosserbriefes der ursprüngliche Ort jener Denkvorstellung nicht mehr be-

wußt gewesen. Aber der Aspekt, daß hier nicht irgendein beliebiges Fehlverhalten herausgegriffen wird, sondern das Leben als ganzes beschrieben werden soll, hat sich offenkundig durchgehalten. Als erste Verfehlung wird (wie in Gal. 5,19) «Unzucht» genannt; damit kann entweder speziell der Umgang mit der Dirne gemeint sein (vgl. 1. Kor. 6,13. 16. 18), oder überhaupt jede Abweichung von der geltenden sexuellen Norm (1. Kor. 5,1). Ebenso wie in Gal. 5 folgt als zweite Verfehlung die (sexuelle)Unreinheit, dann die Leidenschaft oder Zügelosigkeit (Röm. 1,26) – ein sicherlich ebenfalls der Sphäre des Sexuellen zuzuweisender Begriff, und schließlich die Gier (vgl. Gal. 5,16; Röm. 7,7f.), die ausdrücklich «böse» genannt wird. Zuletzt, aber wohl keineswegs als Randerscheinung, wird die Habsucht genannt (vgl. Spr. 16,8; Röm. 1,29); wenn sie als «Götzendienst» bezeichnet wird, dann hat man dabei wohl an die Vorstellung vom Geld als einer dämonischen Macht zu denken («Mammon»: Mt. 6,24; Lk. 16,9f.). Solches menschliche Verhalten ist es, das (**V. 6**) Gottes *Gericht* nach sich zieht (Röm. 1,32; 2,2; vgl. 1. Thess. 4,6). Das Wort, das hier mit «Gericht» übersetzt ist, kann auch «Zorn» bedeuten. Daran zeigt sich schon, daß hier von vornherein an Verurteilung gedacht werden muß (vgl. 1. Thess. 1,10; Röm. 1,18; Off. 6,16f.). Das Wort «Zorn» klingt freilich so, als sei an einen Affekt zu denken (so ja auch in bezug auf menschliches Verhalten sogleich in V. 8). Gottes «Zorn» ist jedoch kein Affekt, sondern sein richtendes Urteil über die sich seinem Willen entgegenstellenden Menschen (vgl. Zeph. 2,1–3; Ps. 79,6 und sehr oft). Dieses Urteil kann sich in der Geschichte vollziehen (vgl. Jes. 5,25 u. ö.; Röm. 1,18), aber auch am Ende aller Zeit im «eschatologischen» Gericht (Mi. 5,10–15; Mt. 3,7; Röm. 2,5). An das kommende Endgericht ist wohl auch hier in Kol. 3,6 gedacht: Die «Söhne des Ungehorsams», also diejenigen, die sich Gottes Forderung widersetzen (vgl. Eph. 2,2; 5,6), werden aufgrund ihres Handelns den Urteilsspruch Gottes im Gericht empfangen. Es gibt also nach der Theologie des Kolosserbriefes kein Zorngericht Gottes über die Christen (vgl. aber unten zu V. 24f.).
In **V. 7** begründet «Paulus», warum er dies alles so nachdrücklich herausgestellt hat: Auch die angeredeten (Heiden-) Christen in «Kolossä» hatten einst den in V. 5 beschriebenen Lebenswandel (zur Formulierung vgl. 1,10; 2,6) geführt; sie zählten selbst einst zu jenen «Ungehorsamen». Damit ist zugleich schon gesagt, daß ihre jetzige Zugehörigkeit zu Christus Rettung bedeutet aus dem Gericht (siehe oben).
Man fragt sich an dieser Stelle natürlich, ob das Bild der Vergangenheit, das der Verfasser entwirft, wirklich realistisch ist. Boten die Angeredeten einst tatsächlich ein derart abstoßendes Schauspiel moralischer Verkommenheit? Und wenn nicht: Hatte es dann überhaupt einen Sinn, wenn der Verfasser ein solches (dann doch wohl: Zerr-)Bild zeichnete? Nun ist die Behauptung, Heiden handelten gerade auch in sexueller Hinsicht verwerflich, ein typischer Zug jüdischer und dann auch christlicher Polemik: Falsche Religion und falsche bzw. fehlende Moral gehören aus dieser Sicht unmittelbar zusammen. So heißt es beispielsweise in Weisheit Salomos 14,27: «Denn die Verehrung der unaussprechbaren Götzen ist der Anfang alles Übels, seine Ursache und sein Ende.» Ob diejenigen, denen ein solcher Vorwurf galt, auch tatsächlich derart zügellos lebten, wie es die Polemik darstellt, muß zumindest für uns heute offenbleiben, sofern keine anderen Quellen zur Verfügung stehen. Richtig ist immerhin, daß bestimmte von Juden (und von Christen) sehr kritisch beurteilte Formen sexuellen Verhaltens nach griechischen bzw. hellenistischen Moralvorstellungen in der Tat zulässig waren, so die von Juden verabscheute Ho-

mosexualität (vgl. Röm. 1,27) und das Hetärenwesen. Insofern mögen die Angeredeten in dem in V. 5 entworfenen Bild heidnischer Lebensform ihre eigene Vergangenheit durchaus wiedererkannt haben – eine Vergangenheit freilich, von der sie sich seit ihrer Bekehrung vollständig geschieden wußten.

Das betonte «Jetzt aber» am Anfang von **V. 8** bezieht sich auf die Heilsgegenwart (vgl. 1,21). Hier braucht das Heil nun aber nicht mehr näher beschrieben zu werden; vielmehr geht es dem Verfasser darum, zu betonen, daß es unter dem «Jetzt» durchaus feste ethische Forderungen gibt: Die Christen sollen, so sagt er, «das alles», nämlich die in V. 5–7 beschriebene Lebensweise, «ablegen», also grundsätzlich verwerfen (vgl. Röm. 13,12). Dabei ergänzt V. 8b die Reihe der von Christen «abzulegenden» Verfehlungen durch die Nennung von weiteren fünf «Lastern», die ebenfalls zum Teil in entsprechenden paulinischen Katalogen begegnen («Wut» in Gal. 5,20; «Bosheit» in Röm. 1,29). Die beiden am Schluß genannten Laster beziehen sich insbesondere auf das Reden («Mund»), ebenso die eingeschobene Warnung vor der Lüge in V. 9a. Auffällig ist der Begriff der «Lästerung»: Müssen Christen wirklich noch davor gewarnt werden, Gott zu lästern? Oder geht es um Lästerreden, die den Mitmenschen betreffen, was nach dem außerbiblischen griechischen Sprachgebrauch ebenfalls durchaus möglich wäre? Man wird in jedem Falle daran denken müssen, daß der Verfasser sich hier ja nicht auf aktuelle, ihm konkret vor Augen stehende Verfehlungen in der Gemeinde bezieht, sondern daß er Verhaltensformen nennt, die für Christen unter keinen Umständen erlaubt sind. Und dazu zählt insbesondere auch jede Form von Lästerung.

Die Warnung vor der Lügenrede (**V. 9a**) ist ein Zwischengedanke, der sich an die Stichworte «Lästerrede» und «Schmährede» anschließt: Nicht Lüge – und man wird zu ergänzen haben: sondern Wahrhaftigkeit – soll die bestimmende Kraft der zwischenmenschlichen Beziehungen, insbesondere des Redens, sein. Es ist möglich, daß dabei unmittelbar an das Gebot aus 2. Mose 20,16 (5. Mose 5,20) gedacht ist.

In **V. 9b. 10** wird der mit V. 8a begonnene Satz fortgesetzt. In Anlehnung an mythische Vorstellungen beschreibt der Verfasser, in welcher Weise die in V. 8 erhobene Forderung («Legt das alles ab!») von den Christen verwirklicht werden soll: Indem sie den «alten Menschen» ablegen und den «neuen Menschen» anziehen. Paulus selbst spricht in Röm. 6,6 (vgl. 2. Kor. 4,16) vom «alten Menschen»; er spricht auch davon, daß die Christen Christus «angezogen» haben (Gal. 3,27) bzw. anziehen sollen (Röm. 13,14). Der Verfasser des Kolosserbriefes hat beide Redeformen miteinander verbunden. Voraussetzung für solche Redeweise ist eine in der Antike nicht selten belegte Vorstellung: Der Mensch ist identisch mit seinen Taten, und diese umhüllen ihn wie ein Gewand. Er kann dieses Gewand ausziehen, sich also von seinen Taten, seiner Vergangenheit lösen, und ein neues Gewand anziehen, das dann für ihn neues Leben bedeutet. Breit ausgeführt findet sich ein solches Bild im sogenannten «Perlenlied» der Thomas-Akten, einer gnostischen, nicht-christlichen Dichtung, die in den christlichen Bericht von den Taten des Apostels Thomas (eine der apokryphen «Apostelgeschichten») eingefügt ist. Entsprechend der gnostischen Lehre ist hier das «alte» Gewand freilich nicht sündig und befleckt, sondern es ist das im Himmel befindliche, dem Menschen eigentlich zukommende Strahlenkleid. Trotzdem kann man diesen Text zum Vergleich heranziehen, weil das Bild als solches ganz ähnlich ist. Der in der Ich-Form redende Erzähler sagt, er habe einst sein Strahlenkleid ausgezogen und mit einem schmutzigen Gewand vertauscht. Durch einen «Himmelsbrief» wurde die Erinnerung an seine wahre Herkunft geweckt; er kehrte in seine Heimat zurück und empfing sein Strahlenkleid, das ihm bereits entgegenkam und das im Grunde mit ihm identisch ist.

Paulus hatte das Bild in Röm. 6,6; Gal. 3,27 dazu benutzt, um die Taufe zu deuten: Der «alte Mensch» (Röm. 6,6) ist in der Taufe zusammen mit Christus gestorben und begraben (womit vielleicht gemeint ist: beim Untertauchen ins Wasser); die Getauften haben nun Christus «angezogen» und leben in einer neuen Wirklichkeit (Gal. 3,27f.). Im Kolosserbrief ist die Begrifflichkeit ganz auf die Ebene der sittlichen Weisung verschoben worden (so freilich auch schon in Röm. 13,14). Beim Stichwort «neuer Mensch» denkt der Verfasser infolgedessen nicht an Christus (anders Paulus in Röm. 13,14; vgl. auch später Eph. 2,15); sondern er denkt an die persönliche «Erneuerung», das «Erneuert-Sein» des einzelnen Menschen. Der «neue Mensch» bleibt freilich, wie ausdrücklich hinzugefügt wird, einer, der sich ständig erneuert und erneuern muß, wobei diese sich so vollziehende Erneuerung hinsteuert auf die Erkenntnis, die Christus entspricht. «Christus» ist dabei umschrieben: Er ist das «Bild» (vgl. 1,15) dessen, der den neuen Menschen geschaffen hat, d. h. er ist das Abbild Gottes.

In V. 11 folgt abschließend die an Gal. 3,28; 1. Kor. 12,13 erinnernde und vielleicht sogar an eine dieser Stellen direkt anknüpfende Aussage darüber, was die Rede von Christus hier eigentlich konkret bedeutet: In dem Bereich, um den es jetzt geht, sind die fundamentalen Unterschiede, ja Gegensätze zwischen den Menschen aufgehoben. «Neuer Mensch» – das bedeutet: Die aus *jüdischer* Sicht bestehende Scheidung der Menschheit in zwei Gruppen – «Griechen», d. h. Nicht-Juden auf der einen, Juden auf der anderen Seite – ist beseitigt. Der auf biblischer Überlieferung beruhende, heilsgeschichtlich begründete Abstand zwischen «Beschneidung» und «Vorhaut» ist gegenstandslos geworden. Aber auch die aus *griechischer* Sicht behauptete Klassifizierung der Menschen gilt nicht mehr: «Barbar» – das war der für griechische Ohren unverständlich redende, nicht dem griechischen Kulturkreis zugehörige Mensch; die Skythen, deren Heimat nördlich des Kaspischen Meeres, also außerhalb des römisch-hellenistischen Einflußbereiches, lag, waren der Inbegriff völliger Kulturlosigkeit und vor allem irrationaler Brutalität (vgl. z. B. 2. Makkabäer 4,47). Aufgehoben ist schließlich auch die soziale Spaltung der Menschen in Sklaven und Freie (zu diesen Begriffen siehe unten zu 3,22–4,1). Vielmehr gilt: Sie alle «sind» Christus, und «in» ihnen allen ist Christus gegenwärtig.

Es wäre falsch, zu meinen, daß der Verfasser des Kolosserbriefes hier in religiösem Enthusiasmus die Weltwirklichkeit leugnet oder eine «heile», ungeteilte «Sonntagswelt» propagiert, die mit der Alltagserfahrung nichts zu tun hat. Eine christliche Gemeinde in Kleinasien gegen Ende des 1. Jahrhunderts war kein Kreis von religiös Interessierten, die im Gottesdienst die Welt zurückließen, im übrigen aber ihr Leben weiter führten wie zuvor. Sondern die christliche Gemeinde war für ihre Mitglieder eine wirkliche Lebensgemeinschaft; die Bindung an sie bedeutete ja den Verlust der Zugehörigkeit zur bisherigen Volks- und Religionsgemeinschaft. In ihrer Gemeinde erhielten die Christen nun – unabhängig von ihrer bisherigen Bindung an Volk, Religion, soziale Schicht und kulturelle Tradition – eine neue Heimat. Die christliche Gemeinde verstand sich damit, so könnte man sagen, als eine Art «Gegenwelt». Wie wirksam dies Verständnis war, zeigt die Tatsache, daß weder in Gal. 3,28 und 1. Kor. 12,13 noch hier in Kol. 3,11 für jenes Gemeindebild geworben werden muß;

vielmehr wird sowohl von Paulus wie vom Verfasser des Kolosserbriefes vorausgesetzt, daß es bereits Realität ist.

Hierauf ist es wohl zurückzuführen, daß die vom Verfasser gegebene Beschreibung der Gemeindewirklichkeit so deutliche und konkrete Züge trägt, die besonders dann heraustreten, wenn man Gal. 3,28 und 1. Kor. 12,13 zum direkten Vergleich heranzieht. Zunächst einmal fällt auf, daß das in Gal. 3,28 verwendete Begriffspaar «männlich und weiblich» fehlt, ebenso wie ja schon im 1. Korintherbrief. Offenbar bestand die Befürchtung, die Aussage, es gebe in der christlichen Gemeinde keine Unterschiede zwischen den Geschlechtern, könnte mißverstanden werden. Umgekehrt geht das Begriffspaar «Beschneidung und Vorhaut» über Paulus hinaus, obwohl es inhaltlich ja gar nichts Neues bringt. Offenbar liegt der Ton deshalb darauf, weil das Thema in der angeredeten Gemeinde in besonderer Weise zur Debatte stand (vgl. 2,11. 13). Auch die Begriffe «Barbar» und «Skythe» verdanken sich wahrscheinlich besonderen Problemen bei den Adressaten: Vielleicht gab es wirklich «Ausländer», Angehörige «wilder» Volksstämme, in der Christengemeinde jener Stadt, an die sich der Kolosserbrief richtet.

Der betont am Schluß von V. 11 stehende Hinweis auf Christus ist keine fromme Floskel: Die in der Gesellschaft des kaiserzeitlichen Römischen Reiches, gerade auch in Kleinasien bestehende Trennung der sozialen Schichten und kulturellen Gruppen war in der Christengemeinde wirklich beseitigt: Die Menschen nehmen sich gegenseitig an und schaffen so eine neue Gesellschaft. So steht hinter der Ordnung der Gemeinde zumindest indirekt auch ein politischer Anspruch: Das Bekenntnis zur Universalität Christi («alles und in allen») bewirkt eine Abkehr von den geltenden Lebensnormen der Welt. Am schärfsten tritt dies heraus in der Einheit von Freien und Sklaven in der Gemeinde. Man unternahm zwar nicht den (ohnehin aussichtslosen) Versuch, die Sozialordnung revolutionär umzustürzen; aber man setzte diese Ordnung jedenfalls im Raum der Gemeinde real außer Kraft. Das Urchristentum, zumindest in seiner paulinischen Ausprägung, war keine Sklavenreligion; es war auch nicht in besonderer Weise eine Religion der Unterschicht, so sehr diese zahlenmäßig die Mehrheit gehabt hat (vgl. 1. Kor. 1,26). Vielmehr vereinigte das Urchristentum in sich von Anfang an Menschen aus nahezu allen Schichten der damaligen Gesellschaft.

Für den Verfasser des Kolosserbriefes war diese Vielfalt in der Einheit die Grundlage für die in der Gemeinde geltenden Lebensnormen. Seine Weisungen (V. 5–9a) richteten sich an einzelne – eine «Sozialethik» in unserem modernen Sinn kennt der Kolosserbrief ebensowenig wie das Neue Testament überhaupt. Aber gerade V. 11 macht klar, daß der einzelne Mensch niemals für sich allein lebt und womöglich isoliert handeln kann. So wie in V. 5–9a kann überhaupt nur deshalb gesprochen werden, weil die Angeredeten zu Christus gehören und weil sich diese Zugehörigkeit zu Christus in der Gemeinde verwirklicht.

3,12–17   Die Wirklichkeit des neuen Lebens

12 Zieht also – als Auserwählte Gottes, heilig und geliebt – herzliches Erbarmen an, Güte, Demut, Sanftmut, Langmut, 13 indem ihr euch gegenseitig ertragt und einander vergebt, wenn einer dem andern etwas vorzuwerfen hat. Wie ja der Herr euch

vergeben hat, so auch ihr! 14 Über dies alles aber (zieht) die Liebe (an), das ist das
Band der Vollkommenheit. 15 Und der Friede Christi soll in euren Herzen regieren,
zu dem ihr ja berufen worden seid in einem Leibe.
Und seid dankbar. 16 Das Wort Christi soll in Reichtum bei euch wohnen, indem ihr
einander in jeglicher Weisheit lehrt und ermahnt, indem ihr mit Psalmen, Hymnen,
geistlichen Liedern in der Gnade in euren Herzen singt für Gott. 17 Und alles, was
ihr tut in Wort oder Werk, das alles (tut) im Namen des Herrn Jesus, indem ihr Gott
dem Vater dankt durch ihn!

Zu Beginn des Abschnitts wird das Bild von V. 10 wieder aufgenommen: Die Christen sollen sich bekleiden mit fünf «Tugenden» (V. 12), die alle darauf abzielen, das
gegenseitige Zusammenleben zu ordnen (V. 13a). Grundlage dafür ist das Christusgeschehen (V. 13b), weshalb die Liebe als oberste Richtschnur genannt werden
kann (V. 14). Es folgen der Friedenswunsch und die Erinnerung an die Berufung in
die eine Kirche (V. 15). Mit dem nachdrücklichen Hinweis auf das gottesdienstliche
Geschehen, insbesondere den hymnischen Dank an Gott (V. 16f.), wird das Ganze
abschließend zusammengefaßt.

V. 12 läßt sich am einfachsten verstehen, wenn man die Aussage als Anwendung des
Bildes von V. 10 begreift: Diejenigen, die den «neuen Menschen» anziehen, sollen
(und können) auch bestimmte Verhaltensweisen «anziehen», d. h. in ihrem Leben
verwirklichen. Sie werden dabei nach biblischem Sprachgebrauch angeredet als
«Erwählte Gottes» (vgl. 5. Mose 4,37, wo Liebe und Erwählung durch Gott eng verknüpft sind; Röm. 8,33; Mt. 22,14; 1. Kor. 1,27). Doch damit ist ihnen keine persönliche Würde zugesprochen; sondern es ist im Gegenteil betont, daß Gott an ihnen
gehandelt hat (vgl. Ps. 33,12). Nicht etwa deshalb, weil sie womöglich religiöse Qua-
litäten besitzen, sondern allein deshalb, weil Gott sich ihnen in seiner Liebe zuge-
wendet hat, können die Christen «Heilige» genannt werden (vgl. zu 1,2). Von ihnen
verlangt der Verfasser als erstes «Erbarmen», wofür er einen Begriff verwendet, der
– ausgenommen Phil. 2,1 – sonst im Zusammenhang mit *Gottes* Verhalten und Handeln gebraucht wird (Röm. 12,1; 2. Kor. 1,3; vgl. Jak. 5,11). Dieses Erbarmen soll
«von Herzen» kommen, also Haltung und Handeln vollständig durchdringen. Auch
das Wort «Güte» bezeichnet häufig eine Wesensart *Gottes* (Röm. 2,4; 11,22;
Eph. 2,7; Tit. 3,4); doch begegnet der Begriff auch im «Tugendkatalog» von
Gal. 5,22 als eine der von den Christen geforderten Verhaltensnormen, die Paulus
«Frucht des (Gottes-)Geistes» nennt. Das Stichwort «Demut» spielte in der Polemik
gegen die «Irrlehrer» (2,18.23) eine wichtige Rolle (siehe oben S. 48.51); seine Bedeutung und vor allem seine religiöse Funktion war offenbar nicht völlig eindeutig.
Hier in 3,12 ist aber jede falsche Auslegung des Wortes schon durch den Zusammenhang, in dem es steht, ausgeschlossen. Ein – den ursprünglichen Lesern freilich
wohl unbekannter – paulinischer «Kommentar» zu unserer Stelle ist Phil. 2,3 und
dann vor allem der Hymnus Phil. 2,6–11 (V. 8!): Demut ist jene Haltung der Preisgabe eigenen Anspruchs, die der Zugehörigkeit der Christen zu Christus deshalb
entspricht, weil dieser selbst in seiner Menschwerdung demütig war. Den Sinn des
Begriffs «Sanftmut» (vgl. dazu 1. Kor. 4,21), der in solchen Aufzählungen auch
sonst vorkommt (Gal. 5,23; Eph. 4,2; 1. Tim. 6,11), verdeutlicht ein Blick auf
Gal. 6,1: Es ist jene Kraft, die uns befähigt, gerade in Konfliktsituationen dem Mitmenschen so zu begegnen, daß er die Kritik an seinem Verhalten – gerade die be-

rechtigte Kritik – nicht als Verurteilung, sondern als Hilfe erfährt. Als letzte christliche «Tugend» nennt der Verfasser die «Langmut», die wiederum eine Eigenschaft Gottes (Röm. 2,4; 9,22) wie auch des Menschen (Gal. 5,22; 2. Kor. 6,6; vgl. 1. Kor. 13,4) sein kann. Daß es bei den fünf (! siehe dazu oben zu V. 5, S. 55f.) genannten «Tugenden» nicht um Gesinnungen geht, sondern um konkretes, aktives Handeln, zeigt **V. 13.** Sprachlich wäre es möglich, die Aussagen von V. 13 als einfache Fortsetzung des Imperativs von V. 12 zu verstehen («Ertragt einander und vergebt einander!»); wahrscheinlicher aber ist es, daß der Verfasser in V. 13 beschreiben will, *wie* das «Anziehen» des Erbarmens, der Sanftmut und der Geduld konkret aussieht. Die Christen sollen einander ertragen; und sie sollen vor allem dann, wenn einer dem anderen Anlaß zu Kritik gegeben hat, Vergebung üben. Der begründende Vergleich mit dem Handeln Christi (V. 13b; vgl. 2,13, wo dieselbe Aussage von Gott gemacht wird) zeigt, daß es um die Vergebung wirklicher Verfehlungen geht, nicht etwa um eine allgemeine «milde» Nachsichtigkeit. Der hier hergestellte enge Zusammenhang zwischen göttlichem und menschlichem Handeln begegnet auch in der Bitte des Vaterunsers (Mt. 6,12; Lk. 11,4); man wird aber kaum annehmen dürfen, daß der Verfasser des Kolosserbriefes das Herrengebet gekannt hat. Er denkt in V. 13b auch nicht an das Verhalten des irdischen Jesus, der sündigen Menschen Vergebung zusprach (Mk. 2,5–10; Lk. 7,47 u. ö.); denn Überlieferung von Jesus scheint er ebenso wie Paulus kaum gekannt zu haben. Vielmehr bezieht sich der Verfasser auf die «euch», d. h. den einst «Ungehorsamen» (vgl. V. 6f.), zuteilgewordene Vergebung, die das Werk des erhöhten Herrn ist. In **V. 14** nimmt der Verfasser offenbar (es fehlt ein Verb) noch einmal abschließend das Bild von V. 12 auf: Die Liebe ist gleichsam das Obergewand, der «Mantel»; sie umschließt und überbietet alles andere, was die Christen bereits «angezogen» haben (vgl. dazu in der Sache, freilich nicht im Bild, 1. Kor. 12,31b; 13,1ff.). Schwer zu erklären ist der Ausdruck «Band der Vollkommenheit»: Vielleicht greift der Verfasser hier auf das Bild vom «Leib» voraus (V. 15; vgl. 2,19) und will sagen, die Liebe sei im Leib (Christi), d. h. in der Gemeinde, das einigende Band, das die Christen zur Vollkommenheit führt. Zu erinnern ist hierbei an 1,28, wo sich der Ausdruck «vollkommen» ja vermutlich in polemischer Absicht auf die aktuelle religiöse Situation der angesprochenen Gemeinde bezogen hatte (siehe oben S. 35). Wenn das auch in 3,14 gelten sollte, so wäre der Begriff «Liebe» hier sogar ausgesprochen polemisch gemeint: Die Liebe allein, nicht die von den «Irrlehrern» beschriebenen und geforderten religiösen Leistungen (vgl. 2,14. 16. 21–23), führt zur «Vollkommenheit». Gerade jenen höchsten Wert, von dem die Gegner in «Kolossä» sprachen, erlangt man nicht so, wie es jene behaupten; sondern dorthin gelangt man allein durch das Tun der dem Gnadenhandeln Christi entsprechenden Liebe. Genau dasselbe hatte einst Paulus in 1. Kor. 13 den vom religiösen Enthusiasmus überwältigten korinthischen Christen gesagt.

V. 15a sieht beinahe aus wie ein Briefschluß (das Stichwort «Friede» begegnet in den letzten Versen aller Paulusbriefe, ausgenommen der Philemonbrief, von dem der Kolosserbrief wohl abhängig ist): Christi Friede soll «in euch» (das Herz ist als Sitz der Person vorgestellt) regieren! Das hier verwendete griechische Wort heißt genaugenommen «Schiedsrichter sein»; der Friede Christi soll also je im konkreten Entscheidungsmoment bestimmen, welcher Weg beschritten werden soll und welcher nicht. In allen Konflikten sollen sich die Christen dadurch leiten lassen, daß

Christus ihnen Frieden geschenkt hat. Dieser Friede braucht nicht erst hergestellt zu werden; sondern er ist bereits gegenwärtige Wirklichkeit. Das zeigt die Fortsetzung: Es ist ein Friede, zu dem die Christen (von Gott) berufen worden sind in dem *einen* Leibe (Christi), d. h. in der Kirche (siehe dazu oben zu 1,18; S. 29f.).

An dieser Stelle wird klar, daß die Forderungen von V. 12ff. ebenso im konkreten Rahmen der Kirche zu verstehen sind wie die Forderungen zuvor in V. 5ff. (vgl. oben zu V. 11): Es geht um die Maßstäbe für die Ordnung des Zusammenlebens in der einen Gemeinde. Wenn gesagt wird, der Friede solle in den Herzen der Christen regieren, dann ist damit kein innerer «Seelenfriede» gemeint; sondern der Verfasser fordert und behauptet, daß der durch Christus geschenkte Friede zugleich die Norm ist für den Umgang der Christen miteinander. Man kann natürlich sofort die Frage stellen, ob diese Haltung nicht konsequenterweise auch dazu hätte führen müssen, die in der Gemeinde wirksam gewordenen «Irrlehrer» zu tolerieren, mit ihnen «Frieden» zu halten. Aber eine solche Möglichkeit liegt für den Verfasser des Kolosserbriefes außerhalb jeder Diskussion, weil ja jene Gegner die gemeinsame Grundlage des Glaubens gerade verlassen haben (vgl. zu 2,6–23). Ob freilich die angesprochene Gemeinde und ob vor allem jene Gegner selbst dies ebenso gesehen haben, wissen wir nicht.

In **V. 15b** folgt eine eigenartig abgehackt formulierte Aufforderung zur Dankbarkeit. Das hier verwendete, an sich recht häufige griechische Wort für «dankbar» ist im Neuen Testament sonst nicht belegt, und es begegnet auch in der griechischen Übersetzung des Alten Testaments nur einmal. Hat man dieses Sätzchen als eine abschließende Bemerkung zu V. 15 zu deuten: «Seid – angesichts eurer Berufung zum Frieden Christi – dankbar»? Oder sollen damit die Aufforderungen von V. 16f. eingeleitet werden, so daß die gegenseitige Lehre und Mahnung und der hymnische Gesang als Ausformungen jener Dankbarkeit zu verstehen wären? Diese zweite Deutung ist sehr viel wahrscheinlicher (s. auch oben die Übersetzung), zumal am Schluß von V. 17 das Stichwort «danken» wieder aufgenommen wird. So gibt also **V. 16** den Inhalt von V. 15b an, wobei auffällt, daß der einleitende Satz streng parallel zu V. 15a gebaut ist. «Das Wort Christi» ist vermutlich die Predigt über Christus und zugleich das in dieser Predigt laut werdende Wort des Herrn selbst (vgl. 1. Thess. 1,8). Der Zusammenhang macht klar, daß der Verfasser hier ganz unmittelbar an den *Gottesdienst* denkt.

Die «Einwohnung» von Christi Wort in der Gemeinde meint die fortdauernde Anwesenheit und Geltung der Botschaft in der Kirche. Sie soll dadurch geschehen, daß die Christen sich im Gottesdienst (bzw. in der Gemeindeversammlung) gegenseitig belehren und mahnen in aller Weisheit. Mit dieser Formulierung knüpft «Paulus» an seine Aussage von 1,28 an, wo er mit nahezu denselben Worten sein eigenes Predigtamt (bzw. eben das des wirklichen Paulus) beschrieben hatte. Offenbar kommt es dem Verfasser nun darauf an, das apostolische Amt gleichsam in die Gegenwart der Gemeinde hinein zu verlängern: Im gottesdienstlichen Handeln der Gemeinde setzt sich das Wirken des Apostels fort. Dabei fällt auf, daß bestimmte «*Ämter*» innerhalb der Gemeinde (Lehrer, Propheten usw.) nicht erwähnt werden, obwohl es zur Zeit der Abfassung des Kolosserbriefes (und ja auch schon bei Paulus selbst; vgl. 1. Kor. 12,28–30) bereits gegliederte Ämter gab. Übergeht der Verfasser des Kolosserbriefes sie hier vielleicht absichtlich? Im Epheserbrief ist das Bild jedenfalls ein völlig anderes (vgl. Eph. 2,20; 4,11f.).

Neben Predigt und Paränese (Mahnung) steht (**V. 16b**) gleichberechtigt die Verherrlichung Gottes im Singen der Gemeinde; die drei das Lied bezeichnenden Begriffe sind dabei kaum voneinander zu unterscheiden. Daß die zum Gottesdienst versammelte christliche Gemeinde singt, bezeugt schon Paulus (1. Kor. 14,26). Anfangs werden es biblische Psalmen gewesen sein, dann aber auch neue christliche Lieder wie Phil. 2,6–11 und Kol. 1,15–20. Wenn es hier heißt, der Gesang solle geschehen «in euren Herzen», dann bezieht sich das natürlich nicht auf eine Art von «Innerlichkeit» (vgl. zu V. 15); sondern es ist gemeint, daß das Gott dargebrachte Lied die ganze Person des Singenden erfaßt. Der urchristliche Gottesdienst, zumindest im Umkreis der paulinischen Mission, war ja stark bestimmt durch ekstatische Elemente (vgl. 1. Kor. 14!); auch und gerade der Gesang der Gemeinde dürfte davon nicht unbeeinflußt geblieben sein.

V. 17 faßt das Gesagte abschließend zusammen: Alles Reden und alles Handeln der Christen soll geschehen «im Namen Jesu» (vgl. Apg. 3,6; 4,10; 1. Kor. 5,4; 6,11), d. h. über allem Geschehen in der Gemeinde soll der Name Jesu genannt werden, weil dieses Geschehen bestimmt ist von der Wirklichkeit Christi. Gott, dem Vater, gebührt dafür Dank.

3,18–4,1   Die Haustafel: Weisung für den Alltag der Christen

18 Ihr Frauen: Ordnet euch euren Männern unter, so wie es sich im Herrn gehört!
19 Ihr Männer: Liebt eure Frauen und seid ihnen gegenüber nicht aufgebracht!
20 Ihr Kinder: Gehorcht euren Eltern in jeder Hinsicht; denn das ist wohlgefällig im Herrn!
21 Ihr Väter: Überfordert eure Kinder nicht, damit sie nicht den (Lebens-)Mut verlieren!
22 Ihr Sklaven: Gehorcht in jeder Hinsicht den irdischen Herren – nicht in Liebedienerei, als wolltet ihr Anerkennung von Menschen erhaschen, sondern mit lauterem Herzen in der Furcht des Herrn! 23 Was auch immer ihr tut: Arbeitet aus innerer Überzeugung als geschehe es für den Herrn und nicht für Menschen, 24 im Wissen darum, daß ihr vom Herrn die (entsprechende) Gegengabe, nämlich das (himmlische) Erbe empfangen werdet.
Ihr dient dem Herrn Christus. (Oder: Dem Herrn Christus dient!) 25 Denn wer Unrecht tut, der wird sich einhandeln, was er an Unrecht getan hat, und zwar ohne Ansehen der Person.
4,1 Ihr Herren: Gewährt den Sklaven, was recht und billig ist, im Wissen darum, daß auch ihr einen Herrn habt im Himmel!

In 3,5–17 hatte sich der Verfasser unterschiedslos an alle Christen gewandt und ihnen allgemein Weisungen für ihr Verhalten erteilt. Nun spricht er die in der Gemeinde vertretenen sozialen Gruppen einzeln an und gebietet ihnen, was sie in ihrer je besonderen Rolle zu beachten und zu tun haben. Die Forschung nahm lange an, der Autor bediene sich hier eines Schemas der zeitgenössischen stoischen Popularphilosophie: Eines Pflichtenkatalogs, der dem einzelnen bestimmte Verhaltensmuster auferlegt. Die für die Glieder der Gemeinde geltenden Pflichten seien mit den außerhalb geltenden völlig identisch; jene seien lediglich durch ein locker eingefügtes «im Herrn» oberflächlich verchristlicht worden. Richtig daran ist, daß tatsächlich ein Schema zugrundeliegt, und daß dieses Schema tatsächlich nicht christlichen Ursprungs ist. Quelle war aber nicht die stoische Ethik, die sich prinzipiell an den einzelnen, verantwortlich handelnden freien Mann richtete. Der Verfasser des Kolosserbriefes übernahm vielmehr ein Schema antiker *politischer* Ethik, die «Haustafel», die die Ordnung der *Verwaltung eines «Hauses»* beschreibt, wobei der Ausdruck «Haus» die Gesamtheit des in einer Gemeinschaft lebenden Familienverbandes bezeichnet, zu dem auch die Sklaven gehören.

Der Philosoph Aristoteles hatte im Ersten Buch seiner Schrift «Politik» erklärt, das «Haus» bilde die kleinste Einheit des Staates, und daher seien die für die Verwaltung des Hauses (das griechische Wort hierfür heißt oikonomia, «Ökonomie») geltenden Regeln auch auf die Verwaltung des Staates übertragbar. Als ursprüngliche und kleinste Teile des «Hauses» nannte Aristoteles: Herr und Sklave, Gatte und Gattin, Vater und Kinder; ihr gegenseitiges Verhältnis sei jeweils zu untersuchen. Mann, Frau und Kinder werden dabei also in ihrer *sozialen* Stellung innerhalb der Familie gesehen, d. h. die Diskussion und Klärung ihrer jeweiligen Rolle im «Haus» wird als ein im weitesten Sinne politisches Problem betrachtet.

Wenn nun der Verfasser des Kolosserbriefes dieses – auch in anderen politisch-ethischen Texten der Antike begegnende – Schema aufgreift, knüpft er also nicht an den Individualismus der Stoa an, sondern an politisch-sozialethische Kategorien. Mit der Aufnahme des Haustafelschemas erhebt das Urchristentum infolgedessen zumindest indirekt einen politischen Anspruch: Die Ordnung der christlichen Gemeinde wird so beschrieben, als handle es sich um ein Modell für den Staat, für die Gesellschaft als ganze. Indem den sozialen Gruppen in der Gemeinde ein Platz zugewiesen und eingeräumt wird, stellt der Verfasser ein Programm auf für die Integration der unterschiedlichen Schichten in der einen Gemeinde. Dieses Programm wird im Epheserbrief (5,22–6,9) noch ausgebaut; und im Ersten Petrusbrief kommt dann erstmals auch ausdrücklich das Verhältnis zum römischen Staat in den Blick (2,13–17; die eigentliche Haustafel folgt dann in 2,18–3,7). In Tit. 2,2–10 ist das Schema zu einer Art Gemeindetafel weiterentwickelt. Damit wird der von Paulus in Gal. 3,28 begonnene und in Kol. 3,11 (s. o.) aufgenommene Ansatz fortgeführt: Die Gemeinde versteht sich als die «neue Gesellschaft», als ein «Staat» im kleinen. Sie hatte dies im Grunde schon von Anfang an dadurch gezeigt, daß sie als Selbstbezeichnung das griechische Wort ‹ekklesia› wählte, das wir mit «Kirche» oder «Gemeinde» übersetzen (siehe oben zu 1,18). Dieses Wort hatte in der griechischsprechenden Welt keinen religiösen, sondern einen politischen Klang: ekklesia war die (Volks-)Versammlung, die zusammengerufen wurde, um den Staat bzw. die Stadt betreffende politische Entscheidungen zu fällen; dieser Sprachgebrauch liegt noch in Apg. 19,32. 39 vor. In der Haustafel wird dieser indirekte politische Anspruch nun mit weiterem Inhalt gefüllt. Dabei ist das Bekenntnis zu Christus als dem Herrn keineswegs ein oberflächlicher Nachtrag, sondern es ist im Gegenteil sachlich von entscheidender Bedeutung: Die Christen sollen im Umgang miteinander, gerade auch in der Ausgestaltung der in der Welt nun einmal bestehenden Über- und Unterordnung, wissen, daß *Christus* ihr *Herr* ist. Dann kommen bestimmte Verhaltensweisen für sie von vornherein nicht mehr in Betracht.

Der Verfasser erörtert im ersten Teil der Haustafel das Verhältnis zwischen *Frau und Mann*. Ganz selbstverständlich fordert er von den Frauen Unterordnung unter

die Männer (**V. 18**); dies geschieht in Übereinstimmung mit der gängigen Sitte («...
wie es sich gehört») – Ansätze zu einer gesellschaftlichen Gleichberechtigung der
Geschlechter gibt es noch nicht. Zu beachten ist, daß die Verhältnisse im «Haus»
vorausgesetzt sind, d. h. es geht hier konkret um die Ehe. Immerhin werden die
Frauen überhaupt als handelnde Personen angesprochen – Aristoteles hatte zu diesem Thema einfach festgestellt, das Verhältnis des Männlichen zum Weiblichen sei
«von Natur aus» so, daß das eine besser, das andere geringer ist, daß das eine regiert
und das andere regiert wird (wobei er an anderer Stelle einräumt, das Verhältnis
könne sich hier und da auch einmal «gegen die Natur» gestalten). Die von den Frau-
en geforderte Verhaltensnorm orientiert sich an dem, was allgemein üblich ist; der
Hinweis auf Christus zeigt nur, daß die gängige Sitte auch für Christen unverändert
Geltung besitzt. Die dann an die Männer (**V. 19**) gerichtete Aufforderung, ihre
Frauen zu lieben, wirkt im Vergleich zum Unterordnungsgebot von V. 18 zunächst
stark emotional und wenig konkret. Doch Liebe ist hier keinesfalls als eine bloße
Gefühlsregung gedacht; sie war ja eben erst (V. 14) als oberste und grundlegende
christliche Lebensnorm bezeichnet worden: Daran hat sich das Verhalten der Männer ihren Ehefrauen gegenüber auszurichten. Eine ergänzende Mahnung warnt die
Männer davor, aufgebracht (wörtlich: «erbittert») zu sein gegen die Frauen. Aus
der Aufforderung an die Frauen, sich unterzuordnen, folgt also nicht etwa umgekehrt ein «Herrschaftsgebot» für die Männer; es wird von ihnen im Gegenteil maß-
volles Verhalten verlangt, weil sonst das allen übergeordnete Liebesgebot verletzt
würde.

An zweiter Stelle behandelt der Verfasser das Verhältnis zwischen *Kindern und Eltern* (bzw. V. 21: Vätern). Die Argumentation in **V. 20** ist der von V. 18 ähnlich: Ohne Einschränkung wird von den Kindern verlangt, den Eltern unbedingt zu gehorchen. «Gehorsam» ist allerdings noch enger gefaßt als «Unterordnung»: «Gehorchen in jeder Hinsicht» muß der, dem selbständiges Handeln, eigene Entscheidung,
nicht zugetraut wird und auch nicht zusteht. Dahinter steht die antike Vorstellung,
daß Kinder etwas Unfertiges sind, daß sie der Hinführung zum eigentlichen
Menschsein bedürfen und auf diesem Wege ganz und gar auf straffe Führung ange-
wiesen sind. Die in V. 20 gegebene Begründung («so ist es wohlgefällig») entspricht
infolgedessen der von V. 18: Gehorsam der Kinder ist ein allgemein anerkannter
Wert, der eben auch bei den Christen, «im Herrn», Gültigkeit besitzt. Immerhin
aber gilt auch hier, daß die Kinder als Personen angesprochen werden und daß nicht
einfach über sie verfügt wird, obwohl sie doch in der Antike als beinahe rechtlos angesehen wurden. So hat beispielsweise der etwa zur Zeit Jesu in der hellenistischen
Stadt Alexandria lebende jüdische Religionsphilosoph Philo keine Bedenken gehabt, im zweiten Buch seiner Schrift «Über die Einzelgesetze» die Strafbestimmun-
gen von 5. Mose 21,18–21 als vollauf berechtigt und anwendbar darzustellen. Davon ist der Kolosserbrief (und ja übrigens auch eine Erzählung wie Mk. 10,13–16)
weit entfernt. Zwar wird auch hier den Kindern keinerlei Entscheidungsfreiheit eingeräumt; aber sie kommen dem Verfasser jedenfalls doch als direkte Adressaten
sittlicher Weisung in den Blick.

Man kann an dieser Stelle übrigens fragen, ob die Kinder als zur Gemeinde gehö-
rend gedacht sind, ob sie also die an sie gerichtete Mahnung womöglich bei der Verlesung des Briefes in der Gemeindeversammlung unmittelbar gehört haben. Der
Text spricht zumindest nicht gegen diese Annahme. Aber selbst wenn man sie be-

jaht, wäre damit über das viel diskutierte Thema der Kindertaufe in neutestament-
licher Zeit (und zumal über das Taufalter) gar nichts gesagt.

Den Vätern, die in der Erziehung das letzte Wort haben, wird (**V. 21**) gesagt, sie
sollten ihre Kinder nicht überfordern (wörtlich: «ärgern, reizen»; die oben gewählte
Übersetzung legt sich von der Fortsetzung her nahe und ist insbesondere auch deshalb möglich, weil das verwendete griechische Wort, wenn es im guten Sinn gebraucht wird, «anspornen» heißen kann). Die hierfür gegebene Begründung zeigt
ein beachtliches Maß an psychologischem Einfühlungsvermögen: Die Väter dürfen
sich den Kindern gegenüber nicht so verhalten, daß diese den Mut zum eigenen
Handeln verlieren. Man könnte modern formulieren: Die Erziehung darf nicht in
ein Angstverhalten hineinführen.

Zuletzt, dafür aber sehr ausführlich, wird das Verhältnis *Sklaven/Herren* bespro-
chen. Dieses Thema spielte in der Antike, auch im Urchristentum (1. Kor. 7,21–24;
Philemonbrief), eine ganz wesentliche Rolle, insbesondere auch deshalb, weil ja
hier das Problem des Menschenbildes insgesamt aufgeworfen war: Wie kann es zulässig sein, daß bestimmte Menschen von Natur aus oder aufgrund besonderer Umstände (Kriegsgefangenschaft, Schuldsklaverei; vgl. im Alten Testament 2. Mose
21,2–11; Jer. 34,8–16) der «beseelte Besitz» (Aristoteles) anderer Menschen sind?
Es hat in der Antike immer wieder Kritik an der Sklaverei gegeben; aber diese Kritik führte nirgendwo zur Abschaffung dieser Einrichtung als solcher. Auch im Urchristentum war das Recht, Sklaven zu besitzen, nicht prinzipiell bestritten
(vgl. Lk. 17,7–10); Paulus kann sogar die zur Gemeinde zählenden Sklaven mahnen, in ihrem «Stand» zu bleiben, selbst wenn sie frei werden könnten
(1. Kor. 7,21f.). Derselbe Paulus verlangt aber gleichzeitig vom christlichen Sklavenbesitzer Philemon, er dürfe den ihm entlaufenen Sklaven Onesimus nicht bestra-
fen, sondern müsse ihn, der inzwischen Christ geworden war, als seinen «geliebten
Bruder» wieder bei sich aufnehmen (Phlm. 15f.). Damit wird zwar nicht die Sklaverei abgeschafft; wohl aber wird das tatsächliche Verhältnis zwischen Sklave und
Herr grundlegend verändert. Ohnehin darf man das antike Sklavenwesen nicht mit
den Verhältnissen etwa im 19. Jahrhundert in den Südstaaten der USA gleichsetzen. Zumindest die Haussklaven, an die im Neuen Testament stets gedacht sein
dürfte, besaßen häufig eine wichtige Vertrauensstellung; und sie hatten jedenfalls
eine sozial weitgehend gesicherte Position. Sie waren, da ihr Besitzer für ihren Un-
terhalt aufkommen mußte, vielfach besser gestellt als mancher «freie» Handwerker
oder Tagelöhner. Unerträglich allerdings war die Lage der Sklaven, die in den staatlichen Bergwerken arbeiten mußten.

Der Verfasser des Kolosserbriefes wendet sich in **V. 22** an die Sklaven mit denselben
Worten wie zuvor an die Kinder (V. 20); Sklaven und Kinder standen in der Tat
rechtlich auf etwa derselben Stufe. Philo in dem oben erwähnten Buch (siehe S. 65)
stellt beide unmittelbar nebeneinander: Kinder wie Sklaven würden durch Geburt
im eigenen Haus oder durch Kauf erworben; die Eltern zahlten, so schreibt er übrigens in diesem Zusammenhang, für Kleidung, Nahrung, Erziehung usw. «das Viel-
fache des wahren Wertes» der Kinder.

Der Verfasser des Kolosserbriefes verlangt auch von den Sklaven unbedingten Ge-
horsam. Doch zugleich macht er eine wichtige Einschränkung: Die «Herren» der
Sklaven sind lediglich solche «nach dem Fleisch» (so die wörtliche Übersetzung).
Diese Einschränkung ist wichtig, weil in den folgenden Versen mehrfach von Chri-

stus als dem Herrn geredet ist, womit sich schon andeutet, daß das Herr-sein unter einem grundsätzlichen Vorbehalt steht (vgl. 4,1b). Der von den Sklaven geforderte Gehorsam soll sich nicht in Liebedienerei vollziehen, also nicht nach dem Maßstab dessen, was man von außen sieht: Vielmehr sollen christliche Sklaven in ihrer Arbeit «den Herrn fürchten» (zu dieser Wendung vgl. Spr. 1,7; Ps. 111,10; 2. Kor. 5,11), d. h. sie sollen darin Christus als ihren eigentlichen Herrn anerkennen. So kann der Verfasser hier von der «Einfalt des Herzens» (so die wörtliche Übersetzung) sprechen, weil im Grunde der Dienst des Sklaven ungeteilt («einfältig») Christus gelten soll. **V. 23** wiederholt dies. Dabei wirkt die positive Aussage an dieser Stelle zunächst so, als sei die Bindung der Sklaven an ihre irdischen Herren identisch mit ihrer Bindung an «den Herrn» (Christus); aber der Nachsatz – «nicht für Menschen!» – zeigt an, daß hier gerade unterschieden werden soll: Das Maß der irdischen Bindung ist stark relativiert. In **V. 24a** gibt der Verfasser eine begründende Erläuterung zu V. 23, indem den Sklaven verheißen wird, daß sie vom Herrn das (himmlische) «Erbe» (vgl. Röm. 8,17; Gal. 5,21; 1. Kor. 15,50) empfangen werden, und zwar als «Gegengabe» für ihre Arbeit, womit möglicherweise darauf angespielt ist, daß sie ja sonst keine Bezahlung empfangen. **V. 24b** setzt nochmals neu ein (vgl. Röm. 12,11, wo sich dieselbe Aufforderung nicht an Sklaven richtet): Der Dienst der Sklaven gilt Christus. Die Formulierung des Verfassers kann als Beschreibung einer gegebenen Wirklichkeit (Indikativ), aber auch als Befehl (Imperativ) verstanden werden (siehe die Übersetzung). Näher liegt im Zusammenhang des ganzen Textes die erste Möglichkeit: Beides, die Verheißung des Erbes (V. 24a) wie die Warnung vor dem Gericht (V. 25), kann nur deshalb ausgesprochen werden, weil die Sklaven in Wahrheit ja Christus dienen. Die in **V. 25** angefügte Mahnung, daß, wer Unrecht tut, das Gericht zu erwarten hat, bezieht sich hier auf das Verhalten der Sklaven, obwohl der Satz als solcher natürlich uneingeschränkte Geltung besitzt. Die Sklaven, so wird gesagt, können gerade nicht beanspruchen, etwa mit Berufung auf ihren Status als Unfreie aller Verhaltensnormen ledig zu sein. Denn, so sagt der Verfasser, es gibt kein Ansehen der Person, keine voreingenommene Parteilichkeit – zu ergänzen wohl: bei Gott (vgl. Röm. 2,11; so auch Eph. 6,9 und einige Handschriften zum Kolosserbrief). Im Gericht wird Gott allein auf das sehen, was einer getan hat, nicht auf die Gesinnung oder den gesellschaftlichen Stand.

Dieser Gedanke ist übrigens gut paulinisch (vgl. Röm. 2,12–16) und bildet die zwingende Voraussetzung für die Rechtfertigungslehre des Apostels (die im Kolosserbrief fehlt): Nur weil Gott nach Werken urteilt, kann und muß gesagt werden, daß der Mensch *nicht* aus Werken gerechtgesprochen wird, sondern allein aus Glauben an Christus (Röm. 3,28; Gal. 3,10–12).

Der Verfasser wendet sich schließlich (**4,1**) an die «Herren», die Sklavenbesitzer. Er gibt ihnen für ihr Verhalten gegenüber den Sklaven eine klare Richtschnur: Sie sollen ihnen zunächst einmal das geben, was rechtlich vorgeschrieben ist, also etwa Nahrung, Kleidung, Wohnung. Sie sollen den Sklaven gegenüber aber auch das Prinzip der «Billigkeit» (wörtlich: die je angemessene «Gleichheit») anwenden; sie sollen also auch jeweils unter Abwägung der besonders gegebenen Umstände handeln. Der Verfasser warnt die christlichen Sklavenbesitzer mithin nachdrücklich vor einem Mißbrauch ihrer Machtstellung. Er tut dies, indem er – in paralleler Formulierung zu V. 24a – an den himmlischen Herrn erinnert und damit den Stand der irdischen Herren weiter relativiert. Ob man dabei nun auch die Aussage von V. 25

gleichsam nochmals mithören muß, läßt sich nicht sagen. Der Verfasser des Epheserbriefes jedenfalls hat die Stelle so gedeutet, wenn er in 6,9 gerade den Sklavenbe-
sitzern sagt, daß es beim Herrn kein Ansehen der Person gibt.

Warum schließt die Haustafel des Kolosserbriefes mit dieser so ausführlichen Erör-
terung des Verhältnisses Sklaven/Herren? Und warum enthält sie insbesondere eine
so ausführliche Sklavenparänese, die an Umfang alle anderen Einzelweisungen weit
übertrifft? Dies hängt gewiß damit zusammen, daß in größerer Zahl Sklaven zur Gemeinde gehört haben. Vor allem aber ist anzunehmen, daß sich diese Sklaven in der
Gemeinde Christi als *Menschen* und eben nicht als «beseelter Besitz» erfuhren
(vgl. 3,11), und daß sie gerade deshalb nach konkreter ethischer Weisung für sich
selbst verlangten. So bemüht sich der Verfasser gerade hier besonders intensiv um
eine theologische Begründung für das, was er zu sagen hat. Wohl bleibt er ganz im
Rahmen der gegebenen gesellschaftlichen Ordnung. Aber es ist nicht zu übersehen,
daß er die Sklaven als Gesprächspartner ernstnimmt, indem er ihnen eine derart
eingehende theologische Argumentation zumutet; und es ist auch zu beachten, daß
er zugleich die Stellung der Sklavenbesitzer deutlich einschränkt.

Die Weisungen der Haustafel erfassen alle Schichten der damaligen Gesellschaft;
weitere Differenzierungen, etwa im Blick auf Armut und Reichtum, spielen in diesem Zusammenhang – dem Haustafelschema entsprechend (siehe oben) – keine
Rolle. Die bestehende Ordnung ist als gegeben vorausgesetzt: Sie wird weder theologisch überhöht, also womöglich als gottgewollt hingestellt, noch wird sie vom
Evangelium her grundsätzlich infragegestellt. Es geht in der christlichen Haustafel
um die Verwirklichung einer sich auf Christus gründenden Lebensform im Rahmen
der vorhandenen gesellschaftlichen Bedingungen. Dabei ist nun aber eines sehr auffällig: Die «Herrschenden» (Männer, Väter, Herren) werden auf die geltende Sitte
verpflichtet und zu deren Einhaltung gemahnt (3,19. 21; 4,1); die an die «Beherrsch-
ten» (Frauen, Kinder, Sklaven) gerichtete Weisung dagegen ist jedesmal ausdrücklich christologisch, unter ausdrücklichem Hinweis auf Christus, begründet
(3,18. 20. 22ff.). Offenbar, so wird man folgern dürfen, war es für die christliche Paränese durchaus möglich, vom Christusbekenntnis her die Unterordnung zu begründen, nicht jedoch Herrschaftsansprüche. So werden die irdischen «Herren»
denn auch keineswegs als «Abbilder» Christi beschrieben; sondern sie werden im
Gegenteil selbst einem Unterordnungsverhältnis unter Christus unterstellt. Damit
liegt die Haustafel ganz auf der Linie von Texten, die Herrschaftsstrukturen innerhalb der Gemeinde prinzipiell verneinen (vgl. Mk. 10,42ff.; Joh. 13,12–17).

Die Haustafel des Kolosserbriefes ist ein gutes Beispiel dafür, daß es unmöglich ist,
ethische Aussagen des Neuen Testaments ohne weiteres als zeitlos gültige Normen
anzusehen und in die Gegenwart zu übertragen. Weder die Beziehungen innerhalb
von Ehe und Familie noch die sozialen Verhältnisse lassen sich heute in der Weise
ordnen, wie es damals der Verfasser des Kolosserbriefes seiner Gemeinde vor-
schlug, oder richtiger: für sie anordnete. Wohl aber lehrt das Haustafelschema, daß
der christliche Glaube den Anspruch erhebt, auch die zwischenmenschlichen Beziehungen zu lenken und den Maßstab der Christusherrschaft auch dort aufzurichten,
wo durchaus schon irdische Gesetze existieren. Heutige Verkündigung wird jeweils
danach zu fragen haben, in welcher Weise der Anspruch, der vom Evangelium aus-
geht, in der aktuellen ethischen Diskussion fruchtbar gemacht werden kann. Die
Kirche ist dann gut beraten, wenn sie so konkret Stellung nehmen und theologisch

begründet Weisung erteilen kann, wie es damals der Verfasser des Kolosserbriefes zu tun vermochte.

4,2–6   Haltet fest am Gebet und wandelt in Weisheit!

2 Am Gebet haltet fest; seid dabei wachsam im Dank 3 und betet zugleich auch für uns, daß Gott uns eine Tür öffnen möchte für das Wort, zu predigen das Geheimnis Christi, um dessentwillen ich ja gefangengehalten bin, 4 damit ich es offenbare, wie es mir zu predigen obliegt. 5 In Weisheit wandelt gegenüber denen draußen – kauft dabei die Zeit aus! 6 Euer Reden (geschehe) jederzeit voll Anmut, mit Salz gewürzt, so daß ihr wißt, wie ihr einem jeden zu antworten habt.

Auf die Haustafel folgen wieder einzelne Mahnungen, die auch in ihrer sprachlichen Gestaltung eng verwandt sind mit den früheren Abschnitten 3,5–11.12–17. Die Aussagen sind locker aneinandergereiht: Am Anfang (V. 2) steht die Aufforderung zum Gebet, der sich in V. 3.4 die Bitte anschließt, Fürbitte zu tun für die missionarische Arbeit des «Paulus». V. 5 ist eine letzte ethische Mahnung («wandelt ...»), während V. 6 den Wunsch enthält, die Angeredeten möchten das rechte Wort finden, wenn sie befragt werden.

Die Mahnung, unablässig zu beten (**V. 2a**), ist für die Paränese charakteristisch; die engste Parallele ist Röm. 12,12c (vgl. 1. Thess. 5,17.25; auch die Angaben in Apg. 1,14; 2,42 haben Vorbildcharakter). Das Gebet ist verstanden als der Ort der unmittelbar erfahrenen Gottesbeziehung, nicht als eine besondere fromme Übung oder gar als eine Ausnahmehandlung. Der Verfasser verbindet damit die Aufforderung, «wachsam» zu sein (**V. 2b**). Eine solche Mahnung ist in vielen neutestamentlichen Schriften Kennzeichen der endzeitlichen, «eschatologischen» Situation, in der die Gemeinde lebt (1. Thess. 5,6; vgl. Mk. 13,35.37; Mt. 25,13; Off. 16,15; ferner 1. Kor. 16,13; Apg. 20,31; 1. Petr. 5,8). Doch dieser Zusammenhang ist im Kolosserbrief zumindest stark abgeblaßt, wenn nicht ganz verschwunden; denn dieser Brief kennt ja eine im eigentlichen Sinne eschatologische Zukunftserwartung, insbesondere die Vorstellung einer in die Welt einbrechenden Ankunft («Parusie») Christi, nicht mehr (siehe oben S. 54). Der Aufruf «Wachet!» ist infolgedessen wohl nur noch eine traditionelle Wendung. Sachlich von Gewicht ist dagegen der Hinweis auf das Danken: Die Betonung des Dankgebets zieht sich ja wie ein roter Faden durch den ganzen Brief (1,3.12; 2,7; 3,15.17). Möglicherweise ist das aus dem aktuellen Kampf gegen die Irrlehrer heraus zu erklären: Wer Gott gegenüber Anlaß zum Danken hat, der braucht sich nicht um religiöse Sonderleistungen (vgl. 2,8–23) zu bemühen; denn ihm ist ja schon alles geschenkt.

Das Gebet der «Kolosser», so sagt «Paulus» (**V. 3.4**), soll die Fürbitte für ihn mit einschließen. Hier nimmt der Verfasser sehr betont auf die Situation Bezug, in der der Brief (angeblich) geschrieben ist: Der Apostel befindet sich wegen seiner Predigttätigkeit in Gefangenschaft – wo, wird freilich nicht gesagt; er hofft aber, Gott werde ihm im wahrsten Sinne des Wortes eine «Tür» öffnen, damit er seinen Dienst wieder aufnehmen kann. Paulus selbst hatte dieses sprachliche Bild ebenfalls verwendet (1. Kor. 16,9; 2. Kor. 2,12; vgl. Apg. 14,27) und damit die ihm in einer bestimmten Situation sich bietenden «großen Möglichkeiten» für die Verkündigung des Evangeliums gemeint. Im Kolosserbrief hat das Bild nun einen neuen Akzent erhalten.

«Paulus» nennt, in gleicher Weise wie zuvor in 1,25–27, als Inhalt seiner Predigt das «Geheimnis Christi»; hier wie dort (vgl. auch 2,2) ist klar, daß dieses Geheimnis nur als geoffenbartes in den Blick kommt (**V. 4**). Der Auftrag des Paulus besteht nach dem im Kolosserbrief entworfenen Bild darin, durch die Predigt das Geheimnis, man könnte in der Sache auch sagen: die Wahrheit Christi, zu enthüllen. Damit ist ein schon bei Paulus selbst vorhandener Ansatz (1. Kor. 2,7; 4,1) erweitert worden: Der Apostel verkörpert in seiner Person die Offenbarung.

Man muß sich an dieser Stelle noch einmal bewußt machen, daß der Verfasser des Kolosserbriefes ja ein bestimmtes Ziel verfolgte: In einer nicht von Paulus gegründeten kleinasiatischen Gemeinde sollte nachträglich die Autorität des längst verstorbenen Apostels aufgerichtet werden. Die ursprünglichen Leser des Briefes (die vermutlich nicht in Kolossä zu suchen sind; siehe oben S. 12f.) sollten aus 4,3f. möglicherweise den Eindruck gewinnen, der Apostel habe damals geplant gehabt, die Gemeinde von Kolossä zu besuchen, um mit seiner Predigt den Kampf gegen die Irrlehrer unmittelbar aufzunehmen (vgl. 2,5). Die Gefangenschaft, so mußten sie folgern, hat einen solchen Besuch «bis jetzt», d. h. bis zum angeblichen Zeitpunkt der Abfassung des Briefes, verhindert. Die Leser werden gewußt haben, daß Paulus tatsächlich niemals in Kolossä gewesen ist; der vorliegende Brief gab dafür nun einen plausiblen Grund an. Die Leser wußten natürlich auch, daß zwischen ihrer eigenen Gemeinde und dem Apostel ebenfalls keinerlei direkte Beziehungen bestanden hatten; der Brief macht ihnen nun deutlich, daß ausschließlich widrige äußere Umstände diese persönliche Kontaktaufnahme verhindert haben (siehe dazu weiter zu 4,15).

In **V. 5** steht eine letzte Mahnung an die Leser: Sie sollen ihr Leben führen (vgl. 1,10; 2,6; 3,7) «in Weisheit», d. h. in der von Gott selbst den Christen verliehenen Gotteserkenntnis (1,9). An dieser Stelle braucht der Verfasser nun nicht mehr näher auszuführen, an welche Art von «Weisheit» er denkt und welche keinesfalls gemeint ist (vgl. 2,23): Es ist die Wahrheit, die bestimmt ist durch die Christuswirklichkeit (2,3), wie sie in der gesamten unmittelbar vorangegangenen Paränese beschrieben worden war. Bemerkenswert ist, daß der Verfasser hier ausdrücklich auf die «Außenwirkung» des Wandels hinweist: «Jene draußen» (1. Kor. 5,12f.; 1. Thess. 4,12; vgl. Mk. 4,11), die Nichtchristen, die Heiden, sollen zu dem Urteil gelangen, daß in der Gemeinde tatsächlich die «Weisheit» ihren Ort hat. Ganz ähnliche Gesichtspunkte hatte schon Paulus in 1. Kor. 14,24f. zugunsten eines ordnungsgemäßen, verständlichen Gottesdienstes in Korinth angeführt.

Die zweite Aussage von V. 5 ist für uns kaum zu deuten: Besteht das «Auskaufen der Zeit» darin, alle sich bietenden Lebensmöglichkeiten hemmungslos auszuschöpfen? Oder ist gemeint, man solle die einem geschenkte Zeit nicht nutzlos verstreichen lassen, sondern durch sein Handeln positiv zu «füllen» versuchen? Beide Vorstellungen sind in der Antike als Lebensregeln durchaus belegt, freilich nicht im Zusammenhang mit dem Bild des «Kaufens». Oder hat womöglich der Verfasser des Epheserbriefes unsere Stelle richtig verstanden, wenn er die von ihm aus Kol. 4,5 übernommene Mahnung damit begründet, daß die «Tage böse» sind (Eph. 5,15f.)? Dann wäre offenbar gemeint, daß die Gegenwart gerade nicht «geschenkte» Zeit ist, sondern daß sie dem «Weisen» zur Verfügung steht als eine Sache, die man wie einen Gebrauchsgegenstand bis zum Letzten ausnutzen kann. Da aber der Hinweis auf die «bösen Tage» im Kolosserbrief ja nun gerade fehlt, legt sich diese Deutung doch nicht unbedingt nahe. Der genaue Sinn des kurzen Sätzchens muß wohl dunkel bleiben.

Der Verfasser schließt (**V. 6**) mit einem Wunsch, der nach Form und Inhalt wie ein Sprichwort aussieht: «Paulus» erhofft für seine Leser die Gabe anmutiger und «mit Salz gewürzter», d. h. beim Hörer Interesse weckender Rede (daß Salz «etwas Gutes» ist, sagt Mk. 9,50; vgl. Mt. 5,13). Der Verfasser meint damit allerdings nicht eine beliebig zur Verfügung stehende Rhetorik; sondern er denkt an eine bestimmte Situation: Christen sollen «reden» können, wenn man von ihnen Auskunft wünscht, wenn sie also – wie gewiß zu deuten ist – auf Verlangen anderer ihren Glauben bekennen und darstellen sollen. Ist dabei an ein Verhör vor staatlichen Behörden gedacht? Für die Zeit der tatsächlichen Abfassung des Kolosserbriefes und für den kleinasiatischen Raum zu jener Zeit ist dies durchaus möglich, auch wenn von einer Verfolgung, wie sie die vermutlich nur wenig später geschriebene Offenbarung des Johannes und der Erste Petrusbrief voraussetzen (Off. 13,11–18; 1. Petr. 4,12–19), nirgends die Rede ist. Freilich muß man beachten, daß die Erwähnung von Verfolgungen im eigentlichen Sinn nicht zu der im Brief angenommenen Situation passen würde, in der zwar der Apostel um Christi willen leidet (vgl. 4,3b.18), die Gemeinden jedoch noch von außen unbehelligt existieren können. So mag es sein, daß der Verfasser einfach meint, die Christen sollten «jenen draußen» (V. 5) – und vielleicht auch den Irrlehrern gegenüber – Rechenschaft ablegen können über das Wesen ihres Glaubens.

Damit ist der eigentliche Brief zuende. Es folgt das, was man «Korrespondenz» zu nennen pflegt: In 4,7–9 persönliche Mitteilungen, in 4,10–14 Grüße von Begleitern des Paulus, und in 4,15–17 die Bitte, in Laodicea Grüße zu bestellen. In 4,18 stehen schließlich der «persönlich geschriebene» Schlußgruß und der Gnadenwunsch.

4,7–18   Schluß des Briefes

4,7–9   Persönliche Mitteilungen

7 Alles, was mich betrifft, wird euch Tychikus mitteilen, der geliebte Bruder und treue Diener und Mitsklave im Herrn, 8 den ich jetzt eben deshalb zu euch schicke, damit ihr erfahrt, wie es uns geht und damit er euren Herzen Zuspruch bringen. 9 (Ich schicke ihn) zusammen mit Onesimus, dem treuen und geliebten Bruder, eurem Landsmann. Sie werden euch über alles hier in Kenntnis setzen.

Der Verfasser hat darauf verzichtet, das Bild vom gefangenen Apostel weiter auszumalen (ganz anders der Verfasser der Pastoralbriefe; 2. Tim. 4,6–18!); es ging ihm nicht darum, Legendenbildung zu treiben und irgendwelche Details zu erfinden. Da er aber andererseits wohl wußte, daß persönliche Nachrichten Bestandteil fast aller Paulusbriefe waren (1. Kor. 16,5–12; 2. Kor. 2,12f.; 7,5–16; Phil. 4,10–20; Phlm. 21f.; Röm. 15,22–32), wählte er einen Ausweg: Er nannte Gewährsleute, die die Leser über Einzelheiten der Lage des Paulus informieren konnten. Natürlich wären solche Nachrichten zum Zeitpunkt der Abfassung (und Verlesung; V. 16) des Briefes ohne *aktuellen* Wert gewesen. Es ist aber durchaus wahrscheinlich, daß die Leser mit den Namen Tychikus und Onesimus konkrete Vorstellungen verbanden: Möglicherweise waren sie noch am Leben und konnten befragt werden (dann muß man annehmen, daß sie zur Umgebung des tatsächlichen Briefautors gehörten und das «Spiel» mitspielten). Oder der Verfasser verweist auf sie, weil er weiß, daß ihre Erinnerung in der Gemeinde, an die er sich wendet, noch lebendig ist und sie dort in hohem Ansehen stehen. In jedem Fall dient ihre Erwähnung dazu, das Gewicht und die Autorität des Briefes zu erhöhen.

Tychikus wird in **V. 7** mit drei besonderen Begriffen, fast könnte man sagen: Titeln, gekennzeichnet, die dem ganz ähnlich sind, was in 1,7 über Epaphras gesagt worden war: Er ist «der geliebte Bruder» des Paulus, also gleichberechtigter Mitchrist (Phlm. 16; vgl. Jak. 1,16.19; 2,5; 2. Petr. 3,15), «treuer Diener», also aktiver Missionar (vgl. 1. Kor. 3,5; 2. Kor. 3,6; 6,4) und «Mitsklave (des Paulus) im Herrn», d. h. er hat sich ebenso wie der Apostel ganz in den Dienst Christi gestellt. Paulus bezeichnet sich gelegentlich betont als «Sklave Christi» (Röm. 1,1; Gal. 1,10; Phil. 1,1), womit ein biblischer Sprachgebrauch, der sich auf Propheten und andere Gottesmänner bezieht (Am. 3,7; Sach. 1,6; Hagg. 2,23; Mal. 4,4; Jos. 14,7; vgl. auch die Lieder vom «Gottesknecht» in Jes. 49–53) aufgenommen wird (vgl. auch Tit. 1,1; Jud. 1; Petr. 1,1 u. ö.; siehe oben zu 1,7). Tychikus war ein Heidenchrist; sein Name ist abgeleitet von dem der Tyche, der griechischen Göttin des Glücks (die der römischen Fortuna entspricht). Er wird im Neuen Testament als Mitarbeiter des Paulus erwähnt, zunächst mehr am Rande (Apg. 20,4; hiernach stammt er aus [Klein-] Asien), dann geradezu als «Botschafter» des Apostels (2. Tim. 4,12; Tit. 3,12 und hier; Eph. 6,21 ist davon direkt abhängig). Merkwürdig ist nur, daß Paulus selbst ihn unter seinen etwa 40 namentlich aufgezählten Begleitern niemals erwähnt: Ist er womöglich erst nach dem Ende der Wirksamkeit des Apostels in Kleinasien (vgl. Röm. 15,23; Apg. 20,17–38) stärker hervorgetreten? Man wird aus **V. 8** folgern dürfen, daß Tychikus als Überbringer des Kolosserbriefes gedacht ist. Er soll die Briefempfänger über all das, was «Paulus» nicht geschrieben hat, informieren und sie auf diese Weise stärken (vgl. 2,2). Seine Aufgabe ist es also nicht, in den aktuellen theologischen Kampf gegen die Irrlehrer einzugreifen – das leistet ausschließlich der Brief selbst. Es wäre mithin unberechtigt, anzunehmen, Tychikus sei womöglich selbst der Autor des Briefes und habe diesen verfaßt, um sich damit ein apostolisches «Beglaubigungsschreiben» auszustellen.

Bei *Onesimus* (**V. 9**) fehlen die Amtsbezeichnungen; er wird lediglich «treuer und geliebter Bruder» genannt. Es kann kein Zweifel sein, daß er jener Onesimus ist, um dessentwillen Paulus seinen Brief an Philemon geschrieben hatte. Hier erfährt man nun, daß er «euer Landsmann» ist, also aus Kolossä stammt. Man kann daraus die Vermutung ableiten, der Adressat des Philemonbriefes sei ebenfalls in Kolossä zu Haus gewesen; doch kann der Besitzer eines aus Kolossä stammenden Sklaven natürlich auch in einer anderen Stadt gewohnt haben. Ein Mann namens Onesimus (der Name bedeutet «der Nützliche», worauf Paulus in Phlm. 11 anspielt) war um das Jahr 110 Bischof der Gemeinde von Ephesus, wie man aus dem Epheserbrief des· antiochenischen Bischofs Ignatius (1,3) erfährt. Ignatius sagt aber nichts darüber, daß dieser Bischof einst mit Paulus persönlichen Kontakt gehabt habe; es wird also wohl ein anderer Mann gleichen Names gewesen sein.

Nach dieser «persönlichen» Zwischenbemerkung folgen in V. 10–14 Grüße.

4,10–14   Grüße der Paulusbegleiter

10 Es lassen euch grüßen Aristarchus, mein Mitgefangener, und Markus, der Vetter des Barnabas – ihr habt seinetwegen bereits Aufträge erhalten; wenn er zu euch kommt, nehmt in auf! – 11 und Jesus, genannt Justus. Sie sind meine (wörtlich: die) **einzigen aus dem Judentum** (wörtlich: aus der Beschneidung) **stammenden Mitarbeiter für das Reich Gottes; sie sind mir ein Trost geworden. 12 Es läßt euch grüßen Epaphras, euer Landsmann, ein Sklave Christi Jesu, der sich unablässig für euch einsetzt in** (seinen) **Gebeten** (dafür)**, daß es euch gelingt, dazustehen als Vollkommene und völlig alles dessen gewiß, was Gottes Wille ist. 13 Ich kann ihm bezeugen, daß er sich sehr müht für euch und für die in Laodicea und für die in Hierapolis. 14 Es lassen euch grüßen Lukas, der geliebte Arzt, und Demas.**

Wie in fast allen Paulusbriefen werden am Ende des Briefes Grüße bestellt: Die Begleiter des Apostels lassen die Briefempfänger grüßen und bekunden damit ihre persönliche Verbundenheit mit jenen sowie ihr Einverständnis mit dem, was Paulus geschrieben hat (Röm. 16,21–23; 1. Kor. 16,19f.; 2. Kor. 13,12; Phil. 4,21; Phlm. 21f.).

V. 10: Als erster grüßt *Aristarchus*; er wird auch in Phlm. 24 erwähnt. Nach der Apostelgeschichte stammte er aus Thessalonich (sein häufig belegter griechischer Name bedeutet: «Der sehr gut Handelnde») und war Begleiter des Paulus bei dessen letzter Reise nach Jerusalem (20,4) und bei einem Teilstück der Fahrt nach Rom (27,2). Er wird ausdrücklich «Mitgefangener» genannt (so wie in Phlm. 23 Epaphras). Bedeutet dies, daß sich die anderen auf freiem Fuß befinden? Oder ist der Hinweis als besondere Auszeichnung gedacht? Das läßt sich wohl nicht beantworten. Der zweite, der grüßt, ist *Markus* (das ist ein lateinischer Name: «Schmiedehammer»). Auch er wird in Phlm. 24, noch vor Aristarchus, erwähnt, ohne daß man dort Näheres erfährt. Ausführliche Informationen gibt aber die Apostelgeschichte (12,12: Sohn der Maria, eigentlicher Name Johannes; 12,25: offenbar aus Jerusalem stammend; 13,5: zunächst Teilnehmer an der ersten Missionsreise des Barnabas und des Paulus, jedoch nur bis Perge [13,13]; daher später [15,37.39] der Konflikt zwischen Barnabas und Paulus). Nach 1. Petr. 5,13 ist er Mitarbeiter des Petrus in «Babylon» (wohl gemeint: Rom), nach 2. Tim. 4,11 Mitarbeiter des Timotheus, der ihn zu Paulus schicken soll. Die kirchliche Überlieferung läßt ihn später Autor des «Markus»-Evangeliums sein. Der Verfasser des Kolosserbriefes erwähnt – wovon in der Apostelgeschichte merkwürdigerweise nichts steht – die Verwandtschaft mit *Barnabas*. Dieser wird als so bekannt vorausgesetzt, daß über ihn nichts weiteres gesagt zu werden braucht. In der Tat ist Barnabas einer der wichtigsten Missionare des Urchristentums (vgl. 1. Kor. 9,5f.; Gal. 2,1.13; Apg. 4,36f.; 9.36f.; Apg. 13–15). «Paulus» sagt den «Kolossern» (V. 10b), sie sollten Markus bei sich aufnehmen, entsprechend den Weisungen, die sie ja bereits empfangen hätten (oder soll sich diese Aussage womöglich auf Barnabas beziehen? Sprachlich wäre auch dies möglich, aber doch wohl weniger wahrscheinlich). Die Absicht dieser für uns in jedem Fall dunklen Aussage scheint gewesen zu sein, eine positive Beziehung zwischen Paulus einerseits und Markus/Barnabas andererseits zu behaupten. Wußte man von dem in Apg. 15,37.39 dargestellten Konflikt und wollte ihn gleichsam nachträglich aus der

Welt schaffen? – Der dritte Grüßende (**V. 11**) ist ein Mann namens *Jesus*. Er trägt einen jüdischen Namen und führt deshalb, ebenso wie ja auch Paulus (s. zu 1,1), in der römisch-hellenistischen Umgebung einen ähnlich klingenden lateinischen Beinamen: *Justus* («der Gerechte»). Über ihn wissen wir über das in V. 11 Gesagte hinaus gar nichts. Oft wird die Annahme vertreten, dieser Jesus sei schon in Phlm. 24 erwähnt (man braucht dafür im griechischen Text jener Stelle nur einen Buchstaben hinzuzufügen und in der deutschen Übersetzung zwischen den Worten «Christus» und «Jesus» ein Komma zu setzen). Aber Paulus hätte wohl kaum lediglich den Namen Jesus verwendet (und noch dazu so unmittelbar neben dem Wort «Christus»), wenn dieser Mann doch einen Beinamen trug. Es gab überdies schon recht früh eine gewisse Scheu vor dem Namen Jesus; spätestens seit Beginn des 2. Jahrh. wird er von Juden wie von Christen gänzlich vermieden – natürlich aus völlig unterschiedlichen Gründen.

Die drei Genannten, so erfährt man in **V. 11b**, sind die einzigen *Judenchristen*, die sich noch zu Paulus halten und darin sein «Trost» sind. Hinter dieser Bemerkung dürfte die Tatsache stehen, daß die paulinische Mission immer stärker eine Sache der Heidenchristen geworden war, während sich gleichzeitig der Konflikt mit dem Judenchristentum, das sich dem Gesetz verpflichtet wußte, immer mehr zuspitzte. Sollten die im Kolosserbrief bekämpften Irrlehrer judenchristlich beeinflußt gewesen sein (siehe oben S. 42.47), so hätte V. 11b noch einen weiteren Sinn: Wohl haben, so würde der Verfasser sagen, sehr viele Judenchristen Paulus verlassen, sich von ihm und seiner Theologie distanziert – aber eben doch nicht alle! Die Formulierung, diese drei seien «Mitarbeiter für das Reich Gottes», paßt zu Phlm. 24 («meine Mitarbeiter»); der Hinweis auf das Reich Gottes im Zusammenhang missionarischen Wirkens entspricht dagegen späterem, nachpaulinischem Sprachgebrauch (Apg. 8,12; 19,8; vgl. Mt. 24,14; Apg. 28,23.31). Er besagt jedenfalls nicht, daß die Missionare womöglich am Gottesreich «mitbauen»; sondern er drückt aus, daß den Hörern des Evangeliums Gottes Herrschaft als Wirklichkeit des Heils angekündigt wird.

V. 12f.: *Epaphras,* aus 1,7 bereits bekannt, grüßt ebenfalls. Wiederum wird sein Bemühen um die kolossische Gemeinde stark hervorgehoben. Sein ständiger Gebetswunsch ist es, die Kolosser möchten «vollkommen» sein (vgl. 1,28; 3,14) und ganz und gar vertraut mit dem Willen Gottes (vgl. 1,9). Wieder wird man mitzuhören haben, daß «Vollkommenheit» und Gotteserkenntnis für «Paulus» nicht Folgen religiöser Übungen sind (vgl. zu 2,8–23), sondern Antwort des schenkenden Gottes auf das Gebet. In V. 13 wird das Lob des Epaphras weiter gesteigert: Er setzt sich, so sagt «Paulus» geradezu beschwörend (vgl. Röm. 10,2; Gal. 4,15), mit aller Kraft ein für die Christen in Kolossä, in Laodicea und in Hierapolis.

Hierapolis («heilige Stadt») war vermutlich als Tempelstadt gegründet worden; es lag etwa 10 km nördlich von Laodicea und 20 km nordwestlich von Kolossä im Tal des Flusses Lykus. Die Stadt war wirtschaftlich und kulturell bedeutend; sie ist bekannt als Geburtsort des stoischen Philosophen Epiktet (55 bis 135 n. Chr.). Im Neuen Testament wird Hierapolis sonst nicht erwähnt. Um die Jahrhundertwende wirkte dort dann der Bischof Papias, Verfasser eines leider weitgehend verlorengegangenen Werkes zur Jesusüberlieferung. *Laodicea,* bereits in 2,1 genannt, war im 1. Jahrh. n. Chr. eine der wichtigsten Städte Kleinasiens, wie antike Textzeugnisse (z. B. Tacitus Annalen 14,27) und auch archäologische Funde zeigen. Nach einem

Erdbeben, das im Jahre 61 die drei Städte Hierapolis, Laodicea und Kolossä zer-
störte, vermochten sich die Laodicener selbst zu helfen, ohne römische Unterstüt-
zung in Anspruch zu nehmen (Kolossä dagegen verschwindet zunächst ganz und
wird erst im 3. Jahrh. wieder erwähnt). Die christliche Gemeinde von Laodicea galt
dem Verfasser der Offenbarung des Johannes als theologisch stark gefährdet
(Off. 3,14–22) – ein Eindruck, der durch Kol. 4,13 auch dann bestätigt wird, wenn
man die im vorliegenden Kommentar geäußerte Vermutung, der ganze Kolosserbrief richte sich in Wahrheit an die Gemeinde von Laodicea, nicht für zutreffend
hält. V. 13 bestätigt den schon zu 1,7f. gewonnenen Eindruck, daß das Ansehen des
Epaphras zum Zeitpunkt der Abfassung des Kolosserbriefes bedroht war und daß es
dem Verfasser darauf ankam, seine Stellung wieder zu festigen. Jedenfalls wird niemand, ausgenommen Paulus selbst, in seiner Bedeutung so stark hervorgehoben
wie Epaphras (ähnliches gilt schon für Phlm. 23f., wo Epaphras ebenfalls einen besonderen Platz einnimmt).

V. 14: Schließlich grüßen *Lukas* und *Demas*. Beide sind aus Phlm. 24 bekannt. Gemeinsam werden sie auch später in 2. Tim. 4,10f. erwähnt, dort jedoch mit entge-
gengesetzter Tendenz: Während Demas «Paulus» schmählich verlassen hat, ist Lukas als einziger treu beim Apostel geblieben. Auch an unserer Stelle fällt auf, daß
Demas nur gerade genannt wird, ohne jeden Zusatz. Lukas dagegen wird als «geliebter Arzt» bezeichnet; man wird daraus konkrete Schlüsse (etwa: Er sei der stän-
dige ärztliche Begleiter des reisenden Apostels gewesen) freilich nicht ziehen dürfen. Die kirchliche Tradition sieht in ihm später den Verfasser des «Lukas»-Evange-
liums und der Apostelgeschichte. Interessant ist in diesem Zusammenhang die Beobachtung, daß in Lk. 8,43 die böse Bemerkung aus Mk. 5,26 über die Ärzte nicht
übernommen ist.

Sechs Grüßende werden in Kol. 4,10–14 aufgezählt – fünf von ihnen begegnen auch
im Philemonbrief (V. 23f.; zu Jesus Justus siehe oben). Hinzukommt der in beiden
Briefen erwähnte Onesimus. Die Reihenfolge der Namen ist zwar eine andere, und
die Angaben im Kolosserbrief sind auch sehr viel detaillierter als die im Philemonbrief: Dennoch ist mit hoher Wahrscheinlichkeit anzunehmen, daß die *Grußliste* des
Kolosserbriefes unmittelbar aus dem *Philemonbrief* übernommen ist, daß der Verfasser jenen Brief also gekannt hat und seinen Brief als etwa gleichzeitig mit dem an
Philemon geschrieben darstellen wollte. Dies bedeutet keineswegs, daß die Namen
einfach mechanisch aus dem echten Paulusbrief abgeschrieben wurden – dagegen
spricht schon das Bemühen, jedem (ausgenommen Demas, sofern man nicht annimmt, daß gerade seine kurze Erwähnung beabsichtigt ist) eine besondere Funktion zuzuweisen. Vermutlich hatten die Genannten durchaus noch eine aktuelle Bedeutung. Zumindest wird dies gelten für Epaphras und für die drei judenchristlichen
Missionare. Es ist dabei gleichgültig, ob sie zum Zeitpunkt der Abfassung des Briefes noch am Leben waren oder ob die Leser sich ihrer nur noch im Rückblick erin-
nerten. Es geht im Kolosserbrief ja allein darum, sie als Bindeglieder zwischen Paulus und der angeredeten Gemeinde einzuführen. Ob sie gegenwärtig unmittelbaren
Einfluß besaßen, oder ob sie als Kronzeugen einer bestimmten theologischen Tradition galten, die der Verfasser zu stärken versuchte, ist dabei von untergeordneter
Bedeutung.

4,15–17   Grüßt die Christen in Laodicea!

15 Grüßt die Brüder in Laodicea, und Nympha und die Kirche in ihrem Hause. 16 Und wenn dieser Brief bei euch verlesen worden ist, sorgt dafür, daß er auch in der Kirche der Laodicener verlesen wird und daß (umgekehrt) **auch ihr den aus Laodicea lest. 17 Und sagt dem Archippus: Sieh zu, daß du den Dienst, den du im Herrn übernommen hast, erfüllst.**

Wieder, wie schon in 2,1 und 4,13, wird das Interesse des Paulus an Laodicea hervorgehoben: Auch den dortigen Christen, so wird nun deutlich gesagt, gilt der an die «Kolosser» gerichtete Brief. Daß eine Gemeinde Grüße übermitteln soll an eine andere, daß sie ihr sogar den ganzen an sie gerichteten Brief weitergeben soll, ist im Neuen Testament ohne Parallele. Die Briefe des Paulus waren gerichtet an einzelne Gemeinden in ihrer je konkreten Situation; Paulus hat wohl noch nicht erwogen, ob seine für Korinth, Thessalonich, Philippi usw. bestimmten Ausführungen auch für Christen an anderen Orten von Bedeutung sein könnten. Auch die sog. «ökumenische» Adresse in 1. Kor. 1,2 meint nicht, daß der Apostel beansprucht, sein Brief nach Korinth solle «überall» als autoritatives Wort gelesen werden: Gerade in diesem Brief werden ja nahezu ausschließlich Korinth betreffende Probleme erörtert. Freilich spielt die Tatsache, daß die korinthische Gemeinde Teil der «weltweiten» Kirche ist, gerade in der Argumentation des 1. Korintherbriefes eine sehr wichtige Rolle (vgl. 11,16; 15,3; 16,1–4), so daß die Formulierung der Adresse in 1,2 wohl von daher zu erklären ist. Der Galaterbrief richtet sich zwar an mehrere Gemeinden (1,2); doch können diese aufgrund der einheitlich bestehenden Konfliktsituation von Paulus als *ein* Adressat behandelt werden. Die Lage ändert sich in nachpaulinischer Zeit: Der Epheserbrief hat, trotz seiner Adresse in 1,1, konkrete Verhältnisse einer bestimmten Gemeinde nicht im Blick. Die Pastoralbriefe richten sich zwar an Einzelpersonen; sie geben aber Weisung für die ganze Kirche, als deren Repräsentanten Timotheus und Titus erscheinen. Die sog. «Katholischen Briefe» richten sich ganz ausdrücklich «an die Zwölf Stämme in der Zerstreuung» (Jak. 1,1), an die christlichen Bewohner fast ganz Kleinasiens (1. Petr. 1,1) oder schlicht an alle Christen (Jud. 1; 2. Petr. 1,1). Der Kolosserbrief steht gleichsam auf der Grenze: Er gibt sich zwar noch als Brief des Paulus an eine bestimmte Gemeinde («Kolossä»); aber der Verfasser setzt voraus, daß andere das Gesagte (auch) auf sich beziehen werden. Ebenso scheint bereits die Sitte zu bestehen, paulinische Briefe unter den Gemeinden auszutauschen; an diesen Brauch, ohne den es ja niemals eine Sammlung von Paulusbriefen hätte geben können, wie sie offenbar in 2. Petr. 3,15f. dann vorausgesetzt ist, knüpft der Verfasser geschickt an.
Wenn die hier erwogene Annahme, der Kolosserbrief wolle in Wirklichkeit Einfluß nehmen auf die Gemeinde von Laodicea, richtig ist, dann ist der Sinn von **V. 15.16a** klar: Der einst den Kolossern gegenüber ausgesprochene Wunsch, sie möchten die Laodicener von Paulus grüßen und ihnen den nach Kolossä gerichteten Brief übermitteln, ist endlich, wenn auch spät (in Wahrheit: mit Abfassung des Briefes und seiner Veröffentlichung), in Erfüllung gegangen. Gegrüßt werden sollen «die Brüder» in Laodicea und daneben die Nympha samt ihrer Hauskirche. *Nympha* muß eine wichtige Frau gewesen sein, da doch ihr Haus Versammlungsort einer Gemeinde

war (vgl. Röm. 16,3–5; 1. Kor. 16,19; Phlm. 2); es ist jedenfalls wohl nicht nur gemeint, «das Haus» der Nympha, d. h. ihre Familie einschließlich der Sklaven, sei
christlich. Sehr viele Handschriften haben aus «Nympha» einen Mann namens
«Nymphas» gemacht, weil sich spätere Zeiten eine derart bedeutende Rolle einer
Frau in der Kirche nicht mehr vorstellen konnten (vgl. aber etwa Röm. 16,1;
1. Kor. 1,11). Gehört Nympha nach Laodicea? Dies legt sich von der Satzgliederung
her wohl doch nahe. Zu vermuten ist auch, daß sie (oder die Erinnerung an sie) ähnlich den in V. 7–14 Genannten eine wichtige Funktion in der aktuellen theologisch-
kirchlichen Auseinandersetzung hatte – nur wissen wir leider nicht, welche.
Die Bemerkung des «Paulus» in **V. 16b**, es solle auch der Brief «aus Laodicea»,
d. h. ein von ihm dorthin gesandtes Schreiben, in Kolossä verlesen werden, hat den
Anlaß gegeben, daß Marcion (um 150 n. Chr.) in seiner Sammlung der Paulusbriefe
den Epheserbrief als «Laodicenerbrief» überliefert. Später (vielleicht im 3. Jahrh.)
wird dann sogar ein eigener Paulusbrief «an die Laodicener» verfaßt, der im wesentlichen eine schlechte Bearbeitung des neutestamentlichen Philipperbriefs ist. Oft
wird gesagt, der in V. 16 erwähnte Laodicenerbrief sei wohl verlorengegangen.
Aber diese Vermutung hätte allenfalls dann ein gewisses Recht, wenn der vorliegende Kolosserbrief tatsächlich von Paulus geschrieben worden wäre. Von der Annahme her, daß der Kolosserbrief «unecht» ist, liegt die Vermutung am nächsten, daß
es einen tatsächlich nach Laodicea adressierten Brief sehr wahrscheinlich niemals
gegeben hat. Vielmehr paßt die letzte Erwähnung Laodiceas in V. 16b sehr gut zu
der hier erwogenen Möglichkeit, daß der «Kolosserbrief» selbst für Laodicea bestimmt gewesen war: Der Brief ist ja, wie V. 16 zeigt, verfaßt unter der (behaupte-
ten) Voraussetzung, daß die Situation der Christen in Kolossä und der Gemeinde in
Laodicea in etwa dieselbe sei – daß es sich mithin lohne, den jeweils an die andere
Gemeinde gerichteten Brief zu lesen. Außerdem wird den Laodicenern gesagt, Paulus habe sich intensiv auch um sie bemüht – so intensiv, daß er ihnen, obwohl er sie
doch gar nicht kannte, ebenfalls einen Brief geschickt hatte. Die Laodicener mußten nun beim Hören von V. 16b annehmen, der an sie direkt gerichtete Brief sei
längst verlorengegangen – oder aber Paulus sei überhaupt nicht mehr dazu gekom-
men, diesen Brief tatsächlich noch zu schreiben: Immerhin befand sich der Apostel
ja in Gefangenschaft, wie sogleich betont wird (V. 18) und war von daher gewiß
nicht völlig Herr seiner Entschlüsse. Die laodicenischen Christen hatten nun aber
jedenfalls diesen einen Brief des Paulus in Händen, jenes Schreiben, daß – wiewohl
scheinbar erst in zweiter Linie – ja ausdrücklich auch für sie bestimmt war.
Die letzte Bemerkung (**V. 17**) gilt dem *Archippus*. Er ist der Mitempfänger des Philemonbriefes (Phlm. 2). Man hat häufig vermutet, der ihm aufgetragene Dienst
(über den ja in V. 17 nichts steht) hänge mit den Onesimus betreffenden Weisungen
zusammen, die Paulus in jenem Brief gegeben hatte. Aber darüber läßt sich gar
nichts sagen. Jedenfalls scheint Archippus nicht als in Kolossä wohnend gedacht zu
sein – in diesem Fall wäre er ja nach der Anlage des Briefes selbst einer der Empfänger, und die ihn betreffende Mahnung brauchte ihm nicht durch andere («Sagt dem
Archippus ...») übermittelt zu werden. Diese Mahnung ist, soviel scheint deutlich
zu sein, wenig freundlich formuliert; dem Verfasser des Briefes war offenbar keineswegs daran gelegen, die Stellung des Archippus zu stärken oder – wenn er nicht
mehr am Leben war – sein Andenken zu fördern. Ob die ursprünglichen Leser aus
der Aussage von V. 17 konkrete Informationen gewinnen konnten, oder ob diese

Bemerkung möglicherweise nur dazu diente, dem Brief den Anschein lebendiger
Aktualität zu geben, muß gänzlich offenbleiben.

4,18   Der eigenhändige Gruß

**18 Der Gruß mit meiner, des Paulus, Hand. Gedenkt meiner Fesseln! Die Gnade
sei mit euch!**

Paulus hat seine an die Gemeinden gerichteten Briefe einem Schreiber diktiert
(Röm. 16,22) und gelegentlich handschriftliche Grüße angefügt (1. Kor. 16,21;
Gal. 6,11). Im Galaterbrief schreibt er dabei ausdrücklich «mit so großen Buchstaben», um das Gewicht dessen, was er in diesen letzten Sätzen zu sagen hat, noch zu
unterstreichen. Der Verfasser des unechten Zweiten Thessalonicherbriefes behauptet
(3,17), der eigenhändige Schlußgruß sei ein «Zeichen der Echtheit» der Paulusbriefe
– als hätte Paulus damit gerechnet, gefälschte Briefe könnten unter seinem Namen
verfaßt und in Umlauf gesetzt werden (im echten Ersten Thessalonicherbrief fehlt ein
solches «Echtheitssiegel»). Im Kolosserbrief wird die Eigenhändigkeit des Schluß-
gruβes nicht besonders hervorgehoben – sie ist einfach ein Brauch, wie ja nicht nur
in der Antike, sondern auch heute noch. Der Verfasser mußte sich nicht einmal darum bemühen, in **V. 18** etwa seine eigene Handschrift zu verstellen oder einen anderen schreiben zu lassen: In V. 16 hatte er ja gesagt, der Brief solle – doch wohl in Abschrift – weitergegeben werden; die ursprünglichen Leser konnten aufgrund dieser
Angabe annehmen, ihnen liege eine solche Abschrift vor.
Anders als im echten paulinischen Gefangenschaftsbrief an die Philipper werden die
Empfänger am Schluß betont darum gebeten, der Fesseln des Apostels zu gedenken
(vgl. 4,3.10; 1,24). Die Absicht des Autors ist klar: Der in Ketten liegende Paulus bemüht sich bis zum äußersten um den guten Stand auch der Gemeinden, die er persönlich gar nicht kennt – das ist das Bild, mit dem der Brief schließt und das dem Leser dauernd vor Augen bleiben soll.
Der *Gnadenwunsch* ist äußerst knapp formuliert, wie er ja auch schon im Briefeingang (1,2) kürzer war als bei Paulus selbst; Paulus spricht üblicherweise von der
«Gnade unseres Herrn Jesus Christus» (in 2. Kor. 13,13 sogar noch erweitert). Die
Verkürzung im Kolosserbrief ist so ungewöhnlich, daß der Verfasser des Epheserbriefes, obwohl er gerade am Ende seiner Schrift Aussagen aus dem Kolosserbrief
wörtlich übernommen hatte (vgl. Eph. 6,21f. mit Kol. 4,7f.), hier völlig von seiner
Vorlage abweicht (Eph. 6,23f.). Umgekehrt findet sich derselbe knappe Briefschluß
später auch in den Pastoralbriefen (1. Tim. 6,21; 2. Tim. 4,22; vgl. Tit. 3,15). Ein
Motiv für diese Verkürzung ist an keiner Stelle zu erkennen. Man würde dem Verfasser aber durchaus Unrecht tun, verstünde man den von ihm hier formulierten Gnadenwunsch lediglich als eine Formel, die nun einmal unumgänglich war. Er meint es
ernst, wenn er Paulus in dieser Weise von seinen Lesern Abschied nehmen läßt. Denn
dies ist ja in der Tat der Wunsch des Apostels (und der Wunsch des Verfassers selbst)
für die nachpaulinische Kirche: Daß die Gnade, d. h. Gottes und Christi Zuwen-
dung, bei ihr bleiben möchte, und daß sie in dieser Gnade auch ohne den persönlich
gegenwärtigen Apostel ihren Weg weitergehen kann. Im Grunde hat der Verfasser,
so könnte man sagen, seinen Brief selbst als ein solches Zeichen der Gnade verfaßt.

Nachbemerkungen

1. Die Stellung urchristlicher Gemeinden in ihrer Umwelt

Alle erhaltenen Briefe des Paulus, ausgenommen eigentlich nur der eher «private» Brief an Philemon, zeigen den Apostel in mehr oder weniger scharfer *Auseinandersetzung* mit Gegnern, und zwar mit innerkirchlichen Gegnern seiner Theologie. Offenbar wár also das Christentum von Anfang an durchaus nicht jene einheitliche Größe, als die wir es uns gern vorstellen (und zu der mancher heute meint zurückkehren zu können). Die rasche Ausbreitung der Gemeinden, insbesondere im Zuge der von Paulus vorangetriebenen Heidenmission, hatte es mit sich gebracht, daß Menschen der christlichen Botschaft begegneten, die durch ganz verschiedene geistige Traditionen geprägt waren und die von sehr unterschiedlichen persönlichen Erwartungen und Hoffnungen ausgingen. Diese unterschiedlichen Voraussetzungen und Einstellungen änderten sich natürlich nicht ohne weiteres, wenn diese Menschen nun aufgrund der gehörten Predigt Christen wurden und sich zu Gemeinden zusammenschlossen. Weder Juden noch Heiden, sei es in Griechenland, sei es in Kleinasien, konnten ja ihre bisherigen Überzeugungen und Überlieferungen gleichsam in einem religiösen «Kraftakt» preisgeben und sich vorbehaltlos auf alles einlassen, was ihnen Paulus (oder ein anderer Missionar) verkündet hatte. Dies war auch schon deshalb gar nicht möglich, weil die Umgebung der Christen natürlich dieselbe geblieben war: Die Christen gründeten ja keine eigenen Städte; sie zogen sich nicht in die Einöde zurück. Sondern sie blieben in ihrer Welt. Diese Welt aber war heidnisch (oder in bestimmten Stadtteilen großer Städte auch jüdisch) bestimmt; die Christen konnten sich jedenfalls im Alltag diesem Umwelteinfluß gar nicht entziehen. Die christliche Verkündigung mußte, bewußt oder unbewußt, mit dieser Tatsache als mit einer selbstverständlichen Rahmenbedingung ihrer Arbeit leben; und sie hat es getan – nicht nur in der Antike, sondern ständig in ihrer Geschichte bis in die Gegenwart.

Wenn Paulus in 1. Kor. 9,19–23 schreibt, er sei den Juden ein Jude geworden und den Griechen ein Grieche, dann hieß das gewiß nicht, daß der Apostel bereit war, aus taktischen, «missionspraktischen» Erwägungen heraus jeweils bestimmte theologische Positionen zu akzeptieren und zu vertreten, um andere dafür preiszugeben. Aber Paulus sagt damit doch, daß er in seiner Predigt auf die unterschiedlichen Voraussetzungen seiner Hörer durchaus Rücksicht nimmt. Insofern wird beispielsweise die Apostelgeschichte Richtiges beschrieben haben, wenn sie Paulus bei seiner berühmten Predigt auf dem Areopag in Athen an die dortige religiöse und philosophische Tradition anknüpfen ließ (vgl. Apg. 17,22–31). Wie die authentische paulinische Missionspredigt des Paulus ausgesehen hat, wissen wir leider nicht; seine Briefe an christliche Gemeinden, die er selbst gegründet hatte, zeigen aber, daß er die fortdauernde Wirkung der jeweils vorhandenen vorchristlichen Traditionen sowie der wirksam werdenden außerchristlichen Einflüsse in den Gemeinden durchaus in Rechnung gestellt hat (vgl. etwa 1. Kor. 10,23–11,1; Gal. 4,8–11; 1. Thess. 1,9f.; 2,13–16; 4,13). Das ist einer der Gründe, weshalb sich seine Briefe nicht auf eine einheitliche «Normal»-Theologie reduzieren lassen. Paulus ist offen-

sichtlich auch bereit gewesen, sogar sehr unterschiedliche Formen der Christuspre-
digt zu tolerieren, anstatt Mission und Gemeinde auf eine bestimmte Linie festzulegen (vgl. Phil. 1,15–18). Allerdings gab es für ihn eine genau umrissene *Grenze* der
theologischen *Toleranz*: Bestimmte Entwicklungen in der Lehre und im Leben der
christlichen Gemeinden wurden für ihn zur Irrlehre, zur «Häresie», die dem
«Fluch» verfiel (Gal. 1,8f.), wenn er das Bekenntnis zu Christus als solches unmittelbar gefährdet sah. Für Paulus stand unverrückbar fest, daß die dem Willen Gottes
entsprechende Beziehung zwischen Gott und dem Menschen – er nennt dies
«Gerechtigkeit Gottes» – allein durch Christus hergestellt worden ist. Diese
«Gerechtigkeit», so sagt er, kann infolgedessen allein im *Glauben* an die im Kreuz
Jesu offenbar gewordene Heilstat angeeignet werden. «Irrlehre» liegt insofern nicht
etwa erst dann vor, wenn dieser Glaube an Christus womöglich durch ihm wider-
sprechende Aussagen verdrängt wird, wenn also an die Stelle des Glaubens der
Unglaube getreten ist. Sondern Irrlehre liegt schon dort vor, wo der Glaube an Chri-
stus ergänzt werden soll durch die Anerkennung konkurrierender Normen,
Gebote, Glaubensinhalte, Gesetze – aus welcher Tradition auch immer sie stammen
mögen.
Solche «Ergänzungen» sind nun freilich von ihren Verfechtern selbst keineswegs als
im Widerspruch zum Christusglauben stehend angesehen worden: Urchristliche
«Irrlehrer» verstanden sich gewiß nicht als Feinde des Kreuzes Christi (so nennt sie
Paulus in Phil. 3,18). Sie meinten vielmehr, sie müßten auf eine zusätzlich notwendige religiöse Dimension hinweisen und diese für christlich verbindlich erklären.
Solche «Irrlehrer» mögen gewiß auch «von außen» in die Gemeinden eingedrungen
sein: Die antipaulinischen Missionare, gegen die der Apostel etwa in 2. Kor. 10–13
und im Galaterbrief kämpft, stammen gewiß nicht aus Korinth oder aus Galatien
selbst. Aber sie waren ohne jeden Zweifel Christen, die es aus ehrlicher Überzeugung als ihre Aufgabe ansahen, ihr Verständnis der Christusbotschaft weiterzusa-
gen und dabei dem, was Paulus verkündigt hatte, nachdrücklich zu widersprechen.
Es gab in der frühen Kirche ja noch keine Instanz, die «amtlich» darüber hätte befinden können, wo «Irrlehre» vorlag und wo nicht. Wenn Paulus von «Falschbrüdern»
(2. Kor. 11,26; Gal. 2,4) und von «Falschaposteln» (2. Kor. 11,13) spricht, so ist das
sein Urteil, das möglicherweise von den Leitern etwa der Gemeinde in Jerusalem
keineswegs in dieser Form geteilt wurde.
In der Forschung wird nicht selten vermutet, die «Irrlehrer», mit denen Paulus es in
Galatien, in Korinth, in Philippi zu tun hatte, seien im Grunde immer dieselben
gewesen: Sie waren entweder – so die eine These – Verfechter eines gesetzestreuen
Judenchristentums mit mehr oder weniger offener Rückendeckung durch Jerusalem; oder sie waren – so die andere These – christliche Gnostiker, die dem Paulus
gerade seine Traditionsgebundenheit vorwarfen. Ob die Annahme einer einheitlichen «Front» aller Paulusbriefe richtig ist, soll hier nicht untersucht werden. Wichtig ist in diesem Zusammenhang nur die Beobachtung, daß auch in einer von Paulus
nicht (oder jedenfalls nicht unmittelbar) gegründeten Gemeinde – sei es nun
Kolossä oder Laodicea – eine etwa mit Galatien durchaus vergleichbare Konfliktsituation erkennbar wird und daß der Verfasser des Kolosserbriefes darauf ähnlich
wie Paulus selbst reagiert, *ohne* daß dabei jedoch die zentralen inhaltlichen Themen
der Auseinandersetzung im geographisch ja nicht sehr weit entfernten Galatien
(Rechtfertigung, Gesetz) anklingen.

Wir wissen, abgesehen von dem, was uns der Kolosserbrief selbst vermittelt, nichts über die *Gründung* der Gemeinden in Kolossä und in Laodicea; beide Gemeinden treten mit dem Kolosserbrief erstmals in unser Blickfeld. Die Gemeinde von Kolossä verschwindet sogleich wieder. Die Gemeinde von Laodicea ist wenig später Adressatin eines der sieben Sendschreiben der Johannes-Offenbarung (Off. 3,14 – 22); sie erscheint dabei in einem eigenartigen Zwielicht, ohne daß wir jedoch genauere Einzelheiten erkennen. Wir können uns aber zumindest in Umrissen vergegenwärtigen, wie die *geistige Umgebung* ausgesehen haben dürfte, in der diese Gemeinden entstanden und gewachsen sind. Kleinasien war im 1. Jahrhundert n. Chr. geradezu ein Tummelplatz der verschiedenartigsten religiösen Bewegungen. Es gab die alten einheimischen Kulte, teilweise nun in der Gestalt von Mysterienreligionen (siehe dazu oben S. 48): Es gab die immer mehr anwachsende Bewegung der Gnosis, einer weltabgewandten und weltfeindlichen Erlösungsreligion. Es gab eine starke Judenschaft – auch Paulus stammte, wenn die Angabe in Apg. 22,3 zutrifft, aus Kleinasien. Und es gab, zumindest dem Namen nach, immer noch die traditionellen griechischen Religionen, die allerdings inzwischen im «Hellenismus» weithin durchdrungen waren von Zügen kleinasiatisch-orientalischer Religiosität; so hat zum Beispiel die in ihren Darstellungen sehr handgreiflich als Göttin der Fruchtbarkeit erscheinende Artemis von Ephesus nur noch wenig gemein mit der jungfräulichen griechischen Göttin der Jagd. Die Apostelgeschichte vermittelt uns in einigen Szenen aus der Mission des Paulus einen sehr lebendigen Eindruck von dieser religiösen «Landschaft» Kleinasiens, auch wenn die Einzelheiten mancher der geschilderten Ereignisse stark ausgemalt sein mögen (vgl. vor allem Apg. 4,12f.; 19,13–20; 19,23–40, insbesondere V. 24–28).

In solchem Klima vielgestaltiger religiöser und anderer geistiger Einflüsse haben sich die Gemeinden von Kolossä und Laodicea entwickelt. Ist es da ein Wunder, daß bald Strömungen mächtig wurden, die zumindest von denen, die aus der paulinischen Missionsarbeit kamen oder ihrer Tradition nahestanden, als höchst gefährlich beurteilt wurden?

2. Die Lehre der im Kolosserbrief bekämpften Gegner

Leider fehlen uns alle *direkten* Zeugnisse dafür, welchen Inhalt die Predigt hatte, die die in Kolossä (oder in Laodicea? oder an beiden Orten?) auftretenden «Irrlehrer» vorgetragen haben. Unsere einzige Quelle für die «kolossische Häresie» ist der Kolosserbrief selbst – und der ist natürlich keineswegs ein unparteiischer Zeuge. Wir stehen vor der Schwierigkeit, daß wir zunächst einmal versuchen müssen, aus der Art und Weise, wie der Brief auf die Lage in «Kolossä» reagiert, diese Lage selbst zu rekonstruieren, um von da aus dann auch die Reaktion des Verfassers verstehen und beurteilen zu können. Es ist etwa so, als besäßen wir – um ein modernes Beispiel als Vergleich zu nennen – aus dem sog. «Kirchenkampf» im Deutschland der Jahre nach 1933 als einziges theologisches Dokument lediglich die Theologische Erklärung von Barmen 1934. Aus dem Text dieser Erklärung läßt sich die Lehre der hier bekämpften «Deutschen Christen» gewiß nicht vollständig rekonstruieren; sie wird aber in Umrissen durchaus faßbar, sofern man die sonstige politische und geistige Situation jener Zeit jedenfalls ungefähr kennt. Beide Texte, der Kolosserbrief wie die Barmer Erklärung, sind Zeugnisse, die von einer an der Auseinandersetzung beteiligten *Partei* stammen; sie enthalten also keine neutrale Beschreibung der Vorgänge. Trotzdem: Die Bekenntnissätze und die Verwerfungen von Barmen zeigen nicht nur den eigenen theologischen Standort der Bekennenden Kirche; sondern sie zeigen auch, wogegen die damals versammelte Synode feierlich und zugleich polemisch protestiert hat. Ähnliches läßt sich vom Kolosserbrief sagen. Daß im übrigen auch in der Sache Parallelen bestehen zwischen «Barmen» und dem Kolosserbrief, wird im nächsten Abschnitt gezeigt werden (siehe unten S. 88f.).

Der Versuch einer Darstellung der «kolossischen Häresie» muß damit beginnen, aus den Angaben des Briefes zunächst die *sicher* greifbaren Erscheinungsformen und theologischen Tendenzen herauszuarbeiten. Erst auf dieser Grundlage kann man es dann wagen, die Rolle jener «Häresie» im Leben der betroffenen christlichen Gemeinde so gut es geht zu beschreiben und danach zu fragen, ob sie sich in den Rahmen auch sonst bekannter religiöser Strömungen einordnen läßt oder aber eine Größe eigener Art ist.

Die Leute, gegen die der Kolosserbrief kämpft, haben ihre Lehre als «*Philosophie*» bezeichnet (2,8). Es ist schon im Kommentar (siehe oben S. 39f.) darauf hingewiesen worden, daß dieses Wort im damaligen griechischen Sprachgebrauch nicht mehr unbedingt das bezeichnet, was man ursprünglich darunter verstanden hat (und was wir heute in der Regel darunter verstehen; es gibt allerdings in manchen modernen Wissenschaften einen durchaus abfällig gemeinten Gebrauch des Wortes «Philosophie»). Philosophie ist hier nicht der Versuch einer Welterfassung und Welterklärung mit Mitteln des Verstandes und der Vernunft; sondern dieser Begriff schließt jetzt ein Aspekte der Religiosität und der Mystik, auch des Aberglaubens und der Magie. Angestrebtes Ziel bleibt freilich nach wie vor die umfassende Erklärung der Welt, nur eben jetzt unter Einschluß der Anwendung irrationaler Mittel und Methoden. Obwohl die christliche Theologie den Begriff «Philosophie» bis weit ins 2. Jahrhundert hinein vermieden hat, kann man nicht sagen, daß in dem Begriff schon an sich ein antichristlicher Akzent steckt: Jene Lehrer, die in der Sicht des Kolosserbriefes als «Häretiker» erscheinen, haben die von ihnen verkündigte Philosophie als legitime Form der christlichen Botschaft verstanden; sie sahen ihren Ort nicht etwa *neben* der Kirche oder gar *gegen* sie, sondern durchaus *in* ihr.

Die christlichen «Philosophen» in «Kolossä» sind ohne Zweifel von bestimmten *jüdischen Sitten* beeinflußt gewesen und haben deren Anwendung propagiert. Offensichtlich forderten sie die *Beschneidung* (vgl. oben zu 2,11, S. 41f.), die es zu dieser Zeit und in diesem geographischen Raum nur im Rahmen des Judentums gegeben hat. Ob sie die Beschneidung dabei tatsächlich im Sinne der biblischen Tradition, etwa als «Bundeszeichen» und als Verpflichtung auf das ganze Gesetz, interpretiert haben, ist eine andere Frage. Man muß in diesem Zusammenhang aber daran denken, daß das Beschneidungsritual in der heidnischen Umgebung in zum Teil sehr scharfer Form abgelehnt wurde; es ist deshalb kaum vorstellbar, daß die Beschneidungsforderung womöglich dazu gedient haben könnte, einen größeren «Werbeeffekt» zu erzielen: Das Gegenteil dürfte der Fall gewesen sein; und umso ernster werden die «Philosophen» ihre Forderung gemeint haben.

Sie forderten außerdem, und auch dies dürfte auf den Einfluß jüdischer Tradition zurückgehen, die Beachtung bestimmter *Speisesitten* und die Einhaltung bestimmter *Festzeiten* (2,16). Beide Forderungen waren für sich genommen im Urchristentum gar nicht ungewöhnlich: Das sog. «Aposteldekret» von Apg. 15,23–29 ver-

langte (V. 29) von den Heidenchristen ausdrücklich die Anerkennung der Speisevorschriften aus 3. Mose 17,10–14 (die dort auch den in Israel lebenden Nichtjuden
auferlegt waren), da sonst ein Zusammenleben von Juden und Heiden in einer
Gemeinde nicht möglich sei. Ähnlich steht es mit den Festzeiten: Das Urchristentum scheint eigene Feste zunächst nicht gekannt zu haben – mit Ausnahme natürlich
des ersten Tages der Woche, des Sonntags, an dem die Gemeinde sich zum Gottesdienst versammelte (1. Kor. 16,2; Apg. 20,7; Off. 1,10: «Herrentag»). Im übrigen
haben, wie die Apostelgeschichte in ihren ersten Kapiteln erkennen läßt, zumindest
die Judenchristen die jüdischen Feste zunächst ohne weiteres mitgefeiert. Für das
Judentum spielten diese regelmäßig jährlich wiederkehrenden Festtage – und als
deren Voraussetzung die Beobachtung des Laufs der Gestirne, der Sonne und vor
allem des Mondes (vgl. Gal. 4,8–10) – eine ganz wesentliche Rolle. Was aber besagt
vor diesem Hintergrund dann überhaupt die Feststellung, die «kolossische Philosophie» sei «jüdisch beeinflußt» gewesen? «Jüdisch beeinflußt» war doch das Christentum als ganzes (und ist es bis heute): Die jüdische Bibel in ihrer griechischen
Übersetzung war die Heilige Schrift des Urchristentums; zahlreiche Aussagen des
christlichen Bekenntnisses und der christlichen Theologie waren nur verständlich
vor dem Hintergrund biblischer («alttestamentlicher») oder auch späterer jüdischer
Traditionen; ja, zumindest Außenstehenden wird das Christentum noch lange als
eine der verschiedenen Gruppen innerhalb des Judentums erschienen sein. Durch
die Anerkennung der gesetzesfreien Heidenmission und durch die damit verbundene Entstehung von ausschließlich aus Heiden bestehenden christlichen Gemeinden war nun aber zumindest in einem Teil der Kirche die Geltung der biblischen
Kultgebote und Reinheitsvorschriften aufgehoben worden. Es ist umstritten, ob
Paulus und seine Gemeinden die in Apg. 15,29 überlieferte Bestimmung überhaupt
gekannt haben; die Argumentation des Apostels in 1. Kor. 8–10 zeigt jedenfalls,
daß er jene Bestimmung nicht akzeptiert hat, denn sonst hätte er im Zusammenhang des Themas «Götzenopferfleisch» darauf natürlich hinweisen müssen. Paulus
hat für diese Freiheit vom Gesetz eine im Christusglauben verankerte theologische
Begründung gegeben: *Gerechtigkeit* (siehe oben S. 10), so sagt er, gibt es nicht durch
das Halten des Gesetzes; sondern Gerechtigkeit gibt es allein durch den *Glauben an
Christus* (Röm. 3,28), der «das Ende des Gesetzes» ist (Röm. 10,4). Die Konsequenz aus dieser theologischen Position war klar: Wurden gegenüber Heidenchristen bestimmte Gesetzesnormen aufgerichtet und für verbindlich erklärt, so war
damit der Christusglaube selbst elementar gefährdet. Nur so ist die scharfe Antwort
des Paulus auf die Vorgänge in Galatien zu erklären; und dies ist offenbar auch der
Grund für die massive Polemik des Kolosserbriefes gegen die «kolossische Philosophie».

In der Forschung wird gefragt, ob insbesondere das Verbot, bestimmte Speisen und
Getränke zu sich zu nehmen, wirklich als eine im eigentlichen Sinne jüdische bzw.
judenchristliche Norm anzusehen ist. Ist es nicht denkbar, daß hinter diesen Verbo-
ten möglicherweise eine Ablehnung der von Gott geschaffenen Welt, des Geschöpf-
lichen überhaupt steht (vgl. 2,21.22a; vgl. in der Sache 1. Tim. 4,3f.), so daß wir es
nicht mit einer jüdischen, sondern mit einer «*gnostischen*» Tendenz zu tun hätten
(siehe oben S. 42)? Wahrscheinlich ist es falsch, zwischen beiden Möglichkeiten eine
strenge Alternative zu sehen: Möglicherweise haben sich jüdische und gnostische
Denkelemente und Vorstellungen miteinander vermischt. Ein derartiger jüdisch-

gnostischer «*Synkretismus*» ist auch sonst belegt; oft wird – vermutlich sogar zu Recht – angenommen, die weltfeindliche gnostische Religion habe zumindest einen ihrer Ursprünge im Umfeld eines gleichsam «randhaften» Judentums gehabt, wo man Schöpfung und Heil nicht mehr zusammenzudenken vermochte.

Durchaus *nicht-jüdisch* ist die von den Vertretern der «kolossischen Philosophie» offenbar propagierte *Engelverehrung* (2,18). Zwar reden das Alte Testament und ebenso die Schriften des Neuen Testaments ganz selbstverständlich und unbefangen von Engeln (vgl. nur 2. Mose 14,19; Sach. 3,2; Lk. 2,9; Mk. 1,13 usw.); aber jede Art von Engelverehrung ist für das Judentum gänzlich ausgeschlossen, weil sie im Widerspruch stünde zum jüdischen Gottesverständnis. Nicht-jüdisch ist auch die besondere Beachtung, die den «Weltelementen» (2,8) und den «Mächten und Gewalten» (2,10.15) entgegengebracht werden sollte. Liegt hier möglicherweise der Einfluß von *Mysterienreligionen* vor? Darauf weist jedenfalls das Stichwort «Weihe» in 2,18 (siehe dazu oben S. 48).

Jüdische Traditionen, gnostisches Denken, Elemente der Mysterienreligionen – und das alles im Rahmen des Glaubens an Christus: Dies muß zwangsläufig zu der Frage führen, ob die «kolossische Philosophie» überhaupt als Teil einer einzelnen religiösen Strömung angesehen werden kann. Aller Wahrscheinlichkeit nach ist diese Frage zu verneinen: Die synkretistische Verschmelzung an sich miteinander unvereinbarer religiöser bzw. «philosophischer» Tendenzen scheint in der Form, in der sie uns im Kolosserbrief als christliche Bewegung entgegentritt, ohne direkte Parallele zu sein. Es bestehen insbesondere auch keine tiefgehenden Übereinstimmungen mit jenen theologischen «Häresien», gegen die sich Paulus gewandt hatte; vor allem ist nicht nachzuweisen, daß etwa eine Linie vom «anderen Evangelium» der galatischen Gemeinden zur «Philosophie» in Kolossä (oder in Laodicea) führt, so sehr in bestimmten Punkten – zu denken ist etwa an die geforderte Beachtung der Festzeiten (Kol. 2,16; Gal. 4,8ff.) – Übereinstimmungen zu erkennen sind. Die «kolossische Philosophie» war im kleinasiatischen Spannungsfeld von Christentum, Judentum, Gnosis und Mysterienreligionen offenbar eine *religiöse Bewegung eigener Art*.

Dies sei nochmals nachdrücklich betont: Die «kolossische Philosophie» begegnet uns im Kolosserbrief als Gruppe *innerhalb* des Christentums. Ihr Hauptinteresse scheint darin bestanden zu haben, die durchaus nicht bestrittene Anerkennung Jesu Christi als des Herrn zusätzlich gleichsam abzustützen: Durch bestimmte kultische Praktiken, durch die religiös motivierte Beachtung bestimmter sittlicher, vor allem asketischer Normen und durch eine religiöse Verehrung der Engel und der Weltelemente. Ohne diese «Zusätze», so lautete offenbar die Botschaft der «Philosophen» in «Kolossä», war «Vollkommenheit» und damit auch Erlösung im eigentlichen und umfassenden Sinne unmöglich zu erreichen. Die hier nun drohende – und nach dem im Kolosserbrief gezeichneten Bild ja bereits eingetretene – Konsequenz war freilich, daß diese «Zusätze» den Glauben an Christus überdeckten, daß Christus zu einer Art Kultgott wurde, eingefügt in den vorgegebenen Rahmen der kosmischen «Mächte und Gewalten», denen der Mensch im übrigen weiterhin ausgesetzt war. Christus sollte gewiß nicht verdrängt werden. Aber die «Philosophie» betonte, daß eine zusätzliche Sicherung des eigenen Schicksals durch die Verehrung der Weltmächte keinesfalls schaden könne, sondern im Gegenteil durchaus geboten sei.

Wie war es möglich, daß eine solche Lehre in Kolossä (oder in Laodicea) innerhalb der christlichen Gemeinde überhaupt Fuß fassen konnte? Die Antwort ist im

Grunde einfach: Das *Streben nach Sicherheit* in einer den Menschen verunsichern-
den Welt, das Streben nach vollständiger Erfassung und damit auch Bewältigung
dieser als bedrohlich erfahrenen Welt ist ein Hauptantrieb aller Religiosität. Der
christliche Glaube vermittelte den Menschen der Spätantike das Wissen, daß sie
dieser Welt durch Christi Tod und Auferweckung (Paulus sagt: «in Christus») ent-
nommen waren, wobei vor allem Paulus darauf hinwies, daß sich die Christen aufgrund ihres Glaubens nun aber auch als freie Menschen dieser Welt zuwenden
konnten (vgl. 1. Kor. 3,21–23; 7,29–31). Die reale Bedrohung, der der Mensch sich
in der Welt ausgesetzt sah, schien jedoch nicht beseitigt zu sein: Wenn Paulus in
Röm. 8,38f. «Mächte» aufzählt, die uns, wie er sagt, «nicht scheiden können von der
Liebe Gottes in Christus Jesus», so zeigt dies ja, daß es die Furcht vor einer solchen
durch Tod oder Leben, Engel oder Gewalten, Gegenwart oder Zukunft bewirkten
Trennung von Gott nach wie vor durchaus sehr konkret gab. Ist es, so mag die
«kolossische Philosophie» nun argumentiert haben, angesichts dessen nicht besser,
auf jene Mächte und Gewalten, die uns in unserer Stellung zu Gott bedrohen, Rücksicht zu nehmen? Ist es nicht sinnvoll, ihre Ansprüche gegen uns zu befriedigen, um
auf diese Weise jeder Gefährdung durch sie zu entgehen? Ist es, so müssen wir nun
fragen, wirklich so erstaunlich, daß Christen des ausgehenden 1. Jahrhunderts, die
die Welt auf allen Ebenen wahrhaftig als bedrohend erfuhren, solcher Argumentation gefolgt sind?

In der Forschung ist gelegentlich die Frage gestellt worden, vor welchem *sozialen
Hintergrund* die «kolossische Philosophie» und ihr Einfluß auf die Gemeinde zu
sehen sei. Die «kolossischen Philosophen», so hat man behauptet, haben die «kosmischen Mächte», von denen sie sprachen, im Grunde identifiziert mit der realen
politischen Macht des Römischen Reiches; und sie haben, so wird gesagt, die Forderung einer religiösen Verehrung der «Weltelemente» verknüpft mit der Aufforderung, die bestehende irdische Macht zu respektieren. Man hat gemeint, das Stichwort «Philosophie» zeige ja schon, daß die Träger dieser Bewegung Intellektuelle
waren, mithin Angehörige der Ober- und Mittelschichten, die zwar politisch ein-
flußlos waren, sozial aber durchaus privilegiert lebten und deshalb Muße zur Philosophie hatten. Sie hätten von den Christen aus den unteren Schichten die Anerkennung der vorgegebenen Machtstrukturen verlangt. Doch davon ist nichts zu erkennen. Die Gemeinde in Kolossä (oder in Laodicea) umfaßte zwar in der Tat, soweit
wir zu sehen vermögen (vgl. Kol. 3,11; 3,18–4,1), Angehörige aller sozialen Schichten der Bevölkerung. Daß aber jene «Philosophie» vornehmlich oder gar ausschließlich von einer bestimmten sozialen Gruppe getragen wurde, läßt sich nicht
belegen. Aber selbst wenn die erwähnte Vermutung, trotz aller fehlenden Anzeichen, dennoch richtig sein sollte: Was hätte dies für Konsequenzen? Warum ließen
sich denn, so müßte man dann doch fragen, Angehörige der Unterschicht in Kolossä
(oder in Laodicea) – also Sklaven, kleine Gewerbetreibende, Händler, Handwerker
– dazu überreden, die religiösen Bedürfnisse einer ihnen doch ganz fremden gesellschaftlichen Gruppe mitzutragen? Doch offenbar deshalb, weil diese Bedürfnisse in
allen Schichten der Bevölkerung letztlich dieselben waren. Aber gerade weil das so
ist, können wir nirgends in den Schriften des Neuen Testaments Anzeichen dafür
erkennen, daß bestimmte religiöse Überzeugungen innerhalb des Christentums
speziell von bestimmten sozialen Gruppen vertreten wurden. Und auch der Kolosserbrief gibt uns in dieser Hinsicht keinerlei Auskunft. Sein Verfasser knüpft in sei-

ner Kritik an der «Philosophie» dementsprechend nicht an den sozialen Status ihrer Vertreter an; sondern er attackiert sie direkt auf ihrem eigentlichen Feld, der Religion.

3. Der Protest des Kolosserbriefes gegen die «kolossische Philosophie»

Der Kolosserbrief nimmt, wenn die in diesem Kommentar vertretene Annahme richtig sein sollte, zu den Vorgängen, die seine Abfassung veranlaßt haben, nicht direkt Stellung, sondern nur indirekt. Der Verfasser hat einen «Paulusbrief nach Kolossä» geschrieben, damit seine Leser ihre eigene Lage mit der in «Kolossä» vergleichen und damit sie die «einstigen» Worte des Paulus als auch an sie gerichtet verstehen konnten (vgl. Kol. 4,15f.) – ein «Verfahren» ja übrigens, das im Grunde in jeder Predigt, zumindest über neutestamentliche Briefe, mit Fug und Recht angewandt wird. Der Verfasser des Kolosserbriefes hat seinen Brief so geschrieben, wie Paulus ihn seiner Meinung nach geschrieben haben würde. Entscheidend war dabei für ihn nicht, das theologische Denken der «kolossischen Philosophie» so genau wie möglich zu beschreiben – mit deren Lehre waren die ursprünglichen Leser des Briefes ja hinreichend vertraut. Wichtig für ihn war vielmehr, die Kritik des «Paulus» an dieser «Philosophie» so abzufassen, daß sie einerseits als «einstiges» theologisches Zeugnis des Apostels glaubhaft blieb und dennoch andererseits von den Lesern auf ihre aktuelle Situation übertragen werden konnte. Der Kolosserbrief ist gewiß kein Gelegenheitsschreiben; aber der Brief ist auch nicht ein theologischer Traktat, keine «Dogmatik im Entwurf», wie sie uns alsbald im Epheserbrief begegnet, der ein konkretes Gegenüber nicht erkennen läßt.

Sehr wahrscheinlich stammt der Verfasser des Kolosserbriefes selbst aus der Gemeinde, auf die sich sein Brief bezieht. Infolgedessen kommt sein Brief noch viel weniger «von außen», als das bei paulinischen Briefen der Fall gewesen war. Sein eigenes Denken ist im Gegenteil vielfach gar nicht so weit von dem entfernt, was er in «Kolossä» als Häresie kritisiert. Der Verfasser vertritt, wie seine Gegner, ein «kosmologisches» Christusverständnis: Daß Christus etwas mit den welthaft-dämonischen «Mächten und Gewalten» und mit den «Elementen» zu tun habe, ist für ihn ebenso unzweifelhaft wie für die «kolossische Philosophie». Er ist, ebenso wie jene «Philosophen», davon überzeugt, daß Christen «Vollkommenheit» anzustreben haben. Er spricht, ebenso wie jene, von der «Fülle» (pleroma) und von der «Weisheit» (sophia). Umgekehrt fehlen, wohl auch aus der aktuellen Situation heraus, in seiner Argumentation theologische Inhalte, die für die paulinische Theologie fundamental wichtig gewesen waren: Die Rechtfertigungslehre, die Auseinandersetzung um das Verständnis des biblischen Gesetzes, die von realer Zukunft sprechende Eschatologie. Es fehlen im Kolosserbrief – das darf nicht übersehen werden – auch alle Hinweise, Zitate und Anspielungen auf das Alte Testament. Gerade dies ist erstaunlich: In den paulinischen Briefen läßt sich deutlich die Tendenz erkennen, daß biblische («alttestamentliche») Texte und Themen in immer stärkerem Umfang der eigenen theologischen Argumentation zugrundegelegt werden: Der 1. Thessalonicherbrief enthält noch gar kein AT-Zitat; im Römerbrief, dem letzten Brief des Apostels, finden sie sich in großer Zahl. Auch die nachpaulinischen Briefe «An die Epheser» und an Timotheus und Titus zitieren ausdrücklich und teilweise sogar ausführlich das Alte Testament. Der Kolosserbrief hingegen enthält kein einziges

Zitat. Offensichtlich hat die Situation den Verfasser nicht dazu gezwungen, dieses für Paulus immer wichtiger gewordene Argumentationsinstrument zu benutzen. Das bedeutet übrigens nicht, daß damit die Annahme, die «kolossische Philosophie» sei jüdisch beeinflußt, hinfällig geworden wäre: Auch der Abschnitt Phil. 3,2–4,1, in dem sich Paulus in schärfster Form mit gesetzestreuen Judenchristen auseinandersetzt, enthält keinerlei AT-Zitate.

Der Verfasser des Kolosserbriefes läßt sich in seiner gegen die «kolossische Philosophie» gerichteten theologischen Argumentation also weniger von seiner eigenen paulinischen Tradition leiten, als vielmehr von den Tendenzen der ihm gegenüberstehenden Häresie. Er argumentiert (und polemisiert) weithin in den von jener vorgegebenen Bahnen; es tut es aber, und dies ist jedenfalls in der Sache «gut paulinisch», ausgesprochen christozentrisch: Seine entscheidende Waffe im Kampf gegen die Irrlehre ist der nachdrückliche und oft wiederholte Hinweise auf das Herr-Sein Christi.

Der Verfasser sieht – wie seine Gegner – Christus im Kontext der «Mächte und Gewalten»: Aber es steht für ihn fest, daß Christus alle diese Mächte vollständig besiegt und endgültig unterworfen hat. Aus diesem Grunde beharrt er darauf, daß zwischen der Anerkennung der «Weltelemente» und dem Glauben an Christus eine prinzipielle Alternative besteht (2,8). Aus diesem Grunde korrigiert er in 1,18 den Hymnus und sagt, daß die Kirche, nicht aber der Kosmos, «Leib» Christi ist.

Der Verfasser sieht – ähnlich den Vorstellungen in den Mysterienreligionen – die Christen in der «mystischen» Einheit mit dem auferstandenen Christus, die vermittelt ist durch die Taufe. Aber es steht für ihn fest, daß dies den Anbruch einer neuen Wirklichkeit bedeutet, und daß damit alle den Christusglauben «begleitenden» Verehrungen von Engeln und Dämonen schlechterdings ausgeschlossen sind (2,15.18).

Für den Verfasser ist es, wie für seine Gegner, klar, daß der Mensch vor Gott schuldig ist und daß er der Vergebung bedarf (vgl. 2,13f.). Aber dieses Wissen steht unter dem grundsätzlichen Vorzeichen, daß Gott im Kreuz Jesu die Schuld des Menschen bereits getilgt hat und daß es deshalb keiner religiösen Anstrengungen mehr bedarf, um sich mit Gott zu versöhnen.

Sein entscheidender Widerspruch gegen die «kolossische Philosophie» kann deshalb lauten, daß ihre Vertreter sich nicht «an das Haupt», d. h. an Christus halten (2,19), weil sie das Kreuzesgeschehen nicht als endgültige Verwirklichung des Heils akzeptieren. Er wirft seinen Gegnern vor, daß es ihnen – trotz aller scheinbaren Betonung der «Weisheit» – in Wahrheit um ihr «Fleisch» geht (2,18.23), um die Befriedigung ihrer subjektiven religiösen Interessen und Bedürfnisse. Er wirft ihnen schließlich vor, daß ihre Lehren sich menschlicher Überlieferung verdanken (2,8.22) und also gerade nicht dem entsprechen, was Gott in Christus geoffenbart hat.

Die «kolossischen» Christen fordert der Verfasser dazu auf, sich nicht auf den Weg religiöser Leistung zwingen zu lassen. Er mahnt sie, daß sie – jeder an seinem Ort (vgl. die Haustafel) – die Christuswirklichkeit im Glauben annehmen und im Leben danach handeln sollen. Dabei betont er nun freilich die Wirklichkeit des Heils so stark (2,12f.; 3,1), daß ihm die Zukunft aus dem Blick zu geraten droht. Es wäre aber falsch, den Autor des Briefes wegen dieser unbestreitbaren und sachlich auch keineswegs ungefährlichen Preisgabe des «eschatologischen Vorbehalts» (siehe oben S. 53) als «religiösen Enthusiasten» zu schelten. Die Betonung der Wirklichkeit des Heils gründet ja in der Absicht des Verfassers, das Christusgeschehen zum letztgültigen Maßstab des Lebens zu machen. So wenig, wie der Hymnus Kol. 1,15– 20 eine Sammlung dogmatisch richtiger Sätze sein kann, so wenig darf man die Aussagen des Briefes insgesamt «systematisieren« und womöglich auf sie allein das christliche Bekenntnis gründen wollen. Der Kolosserbrief ist eine polemische Schrift. Der Verfasser will bestimmte Inhalte der christlichen Wahrheit stark betonen; er vernachlässigt aus der aktuellen Konfliktsituation heraus deshalb andere Inhalte, insbesondere die Eschatologie. Man darf in diesem Zusammenhang eines nicht übersehen: Der Kolosserbrief will von einem Apostel geschrieben sein, der mehrfach betont, daß er sich im Gefängnis befindet. Der Zeuge des von diesem Brief gepredigten Evangeliums ist also nicht ein «Held», der das Irdische schon hinter sich weiß und im Grunde bereits eine «himmlische Existenz» führt – trotz der so enthusiastisch wirkenden Aussagen in 2,12f. und 3,1; sondern dieser Zeuge ist ein Mensch, der in Fesseln liegt und der gerade in dieser Gefangenschaft so überschwenglich von der befreienden Herrschaft Christi sprechen kann. Zwar fehlt im Kolosserbrief die Dialektik des «Schon jetzt» der Rechtfertigung (Röm. 5,1) und des «Noch nicht» des eschatologischen Heils (Röm. 6,1–6), wie sie von Paulus theologisch bewußt reflektiert worden war. Aber sie fehlt letztlich doch nur dem Begriff nach – nicht jedoch in der Sache. Denn die *Paränese* des Kolosserbriefes (3,5–4,6) markiert unübersehbar die Einbindung der nach 2,12f. bereits »auferweckten« Christen in die Wirklichkeit der Welt (vgl. 3,1–4). Und das *Paulusbild* des Briefes zeigt, daß christliches Leben nicht darin besteht, der Welt zu entfliehen, sondern in ihr auszuhalten – auch wenn durchaus gilt, daß diese Welt, die repräsentiert ist durch ihre Engel und «Mächte», von Christus bereits besiegt ist (2,15) und deshalb dem Christen nichts mehr anhaben kann.

So ist der Kolosserbrief, trotz all seiner Differenzen zu Paulus, ein lebendiges Christuszeugnis aus einer für die Kirche höchst brisanten theologischen Auseinandersetzung. Ob der Brief in Kolossä (bzw. in Laodicea) tatsächlich Entscheidendes bewirkt hat, wissen wir nicht. Aber immerhin ist zu beachten: Der Brief ist von der Gemeinde, die ihn zuerst las, als apostolisches Wort bewahrt worden – andernfalls wäre er uns ja gar nicht überliefert. Und er ist, nicht lange nach seiner Abfassung, Grundlage einer umfasenderen Schrift geworden, des Epheserbriefes, dessen Verfasser das Schreiben nach Kolossä literarisch und theologisch weiterverarbeitet hat.

Der theologische Protest des Kolosserbriefes gegen die «kolossische Philosophie» hat viele Jahrhunderte später in einer ganz anderen und doch durchaus vergleichbaren Situation Nachahmung gefunden. Am 31. Mai 1934 verabschiedete die in Barmen versammelte Bekenntnissynode der Deutschen Evangelischen Kirche eine Theologische Erklärung, die in sechs Thesen und sechs Verwerfungen Stellung nahm zu den «Irrtümern der Deutschen Christen und der gegenwärtigen Reichskirchenregierung». In These I dieser Erklärung heißt es: «Jesus Christus, wie er uns in der Heiligen Schrift bezeugt wird, ist das eine Wort Gottes, das wir zu hören, dem wir im Leben und im Sterben zu vertrauen und zu gehorchen haben.» Und dann weiter: «Wir verwerfen die falsche Lehre, als könne und müsse die Kirche als Quelle ihrer Verkündigung außer und neben diesem einen Worte Gottes auch noch andere Ereignisse und Mächte, Gestalten und Wahrheiten als Gottes Offenbarung anerkennen.» Die hier verworfene falsche Lehre der mit dem Nationalsozialismus verbundenen Deutschen Christen hat durchaus Ähnlichkeiten mit der Häresie der «kolossischen Philosophie»: Hier wie dort ist das «Ja» zu Christus eingefügt in ein «aber auch»; hier wie dort werden geschichtliche oder aus der Natur gewonnene Erfahrungen religiös gedeutet und als zusätzliche Quellen der Offenbarung anerkannt. Die Barmer Erklärung hat darauf ebenso wie der Kolosserbrief geantwortet mit einem nachdrücklichen Christusbekenntnis: Beide haben gegen das häretische «sowohl – als auch» ein scharfes «entweder – oder» gestellt.

These II von «Barmen» lautete: «Jesus Christus ist uns gemacht von Gott zur Weisheit und zur Gerechtigkeit und zur Heiligung und zur Erlösung (1. Kor. 1,30). Wie Jesus Christus Gottes Zuspruch der Vergebung aller unserer Sünden ist, so und mit gleichem Ernst ist er auch Gottes kräftiger Anspruch auf unser ganzes Leben; durch ihn widerfährt uns frohe Befreiung aus den gottlosen Bindungen dieser Welt zu freiem, dankbarem Dienst an seinen Geschöpfen. Wir verwerfen die falsche Lehre, als gebe es Bereiche unseres Lebens, in denen wir nicht Jesus Christus, sondern anderen Herren zu eigen wären, Bereiche, in denen wir nicht der Rechtfertigung und Heiligung durch ihn bedürften.» Die damals in Barmen verworfene Häresie der Deutschen Christen hatte ebenso wie einst die «kolossische Philosophie» das Bekenntnis zur Herrschaft Christi relativiert, den Anspruch Christi auf nur gewisse Teilbereiche des Lebens beschränkt. Die Barmer Erklärung und ebenso der Kolosserbrief stellen dagegen das Zeugnis der Wahrheit, daß Christi Herrschaftsanspruch alle Lebensbereiche umfaßt und daß Christus gerade darin Befreiung schenkt. Es scheint, daß auch in den Konflikten unserer Zeit das Christuszeugnis des Kolosserbriefes mehr Aktualität besitzen könnte, als wir ihm üblicherweise zutrauen.

Literaturverzeichnis

Kommentare für Leser ohne Griechischkenntnisse:

H. Conzelmann, Der Brief an die Kolosser, in: J. Becker u. a., Die Briefe an die Galater, Epheser, Philipper, Kolosser, Thessalonicher und Philemon. Das Neue Testament Deutsch, Band 8, Göttingen 1976, S. 176–202.

J. Ernst, Die Briefe an die Philipper, an Philemon, an die Kolosser, an die Epheser. Regensburger Neues Testament, Regensburg 1974, S. 141–244.

Wichtige *Kommentare* für Leser mit Griechischkenntnissen:

M. Dibelius/H. Greeven, An die Kolosser, Epheser, an Philemon. Handbuch zum Neuen Testament, Band 12, Tübingen 3. Aufl. 1953, S. 1–53.

J. Gnilka, Der Kolosserbrief. Herders Theologischer Kommentar zum Neuen Testament, Band X/1, Freiburg-Basel-Wien 1980.

E. Lohse, Die Briefe an die Kolosser und an Philemon. Kritisch-exegetischer Kommentar über das Neue Testament, Band IX/2, Göttingen 2. Aufl. 1977.

E. Schweizer, Der Brief an die Kolosser. Evangelisch-katholischer Kommentar zum Neuen Testament, Zürich-Neukirchen 1976.

Weitere wichtige *Bücher* und *Aufsätze*:

G. Bornkamm, Die Häresie des Kolosserbriefes, in: G. B., Das Ende des Gesetzes. Paulusstudien. Gesammelte Aufsätze, Band I, München 5. Aufl. 1966, S. 139–156.

H. Köster, Einführung in das Neue Testament im Rahmen der Religionsgeschichte und Kulturgeschichte der hellenistischen und römischen Zeit, Berlin-New York 1980.

H. Löwe, Bekenntnis, Apostelamt und Kirche im Kolosserbrief, in: Kirche. Festschrift für Günther Bornkamm zum 75. Geburtstag, herausgegeben von D. Lührmann und G. Strecker, Tübingen 1980, S. 299–314.

D. Lührmann, Wo man nicht mehr Sklave und Freier ist, in: Wort und Dienst. Jahrbuch der Kirchlichen Hochschule Bethel, Neue Folge, Band 13, 1975, S. 53–83.

– Neutestamentliche Haustafeln und antike Ökonomie, in: New Testament Studies, Band 27, 1980/81, S. 83–97.

H.-M. Schenke, Der Widerstreit gnostischer und kirchlicher Christologie im Spiegel des Kolosserbriefes, in: Zeitschrift für Theologie und Kirche, Band 61, 1964, S. 391–403.

K. Wengst, Versöhnung und Befreiung, in: Evangelische Theologie 36, Band 36, 1976, S. 14–26.

Meine These über Laodicea als eigentliche Adresse des Kolosserbriefes habe ich ausführlich dargestellt in meinem Aufsatz: Die Gemeinde von «Kolossä». Erwägungen zum «Sitz im Leben» eines pseudopaulinischen Briefes, in: Wort und Dienst. Jahrbuch der Kirchlichen Hochschule Bethel, Neue Folge, Band 16, 1981, S. 111–134.
Die oben im Kommentar vorgetragene Auslegung von Kol. 2,14 folgt weitgehend dem Aufsatz von N. Walter, Die «Handschrift in Satzungen» Kol. 2,14, in: Zeitschrift für die neutestamentliche Wissenschaft und die Kunde der älteren Kirche, Band 70, 1979, S. 116–118.

Stellenregister

Altes Testament

1. Mose
1,1   27
1,26f.   26
17,1   21
24,40   21

2. Mose
14,19   84
20,16   57
21,2–11   66
24,9–11   25
33,19–23   25

3. Mose
17,10–14   83
20,26   16

4. Mose
28,11–15   47

5. Mose
4,37   60
5,20   57
15,4   22
18,1f.   22
21,18–21   65
32,39   43

Josua
14,7   72
18,6   22
18,8   22

Hiob
33,26   26

Psalmen
1,1   21
11,7   26
33,12   60
63,3   26
79,6   56
89,28   28
110,1   54
111,10   67

Sprüche
1,7   67
2,3–6   37
8,22–31   25f.
16,8   56

Jesaja
5,25   56

6,5   25
29,13   51
30,12   16
45,3   37
45,11   16
49–53   72

Jeremia
32,23   21
34,8–16   66

Ezechiel
37,25   19

Daniel
6,20   19

Amos
3,7   72

Micha
5,10–15   56

Zephanja
2,1–3   56

Haggai
2,23   72

Sacharja
1,6   72
3,2   84

Maleachi
4,4   72

Alttestamentliche Apokryphen

2. Makkabäer
4,47   58

Jesus Sirach
1,1   20

Weisheit Salomos
1,7   28
7,26   26
14,27   56

Neues Testament

Matthäus
3,7   56
5,13   71
6,12   61

6,24   56
11,16–19   26
12,42   26
15,8f.   51
22,14   60
24,3   54
24,9.21.29   33
24,14   74
25,13   69
26,28   23

Markus
1,4   23f.
1,13   84
2,5–10   61
3,14   16
4,11   70
5,26   75
7,5   21
7,6f.   51
8,29   18
9,50   71
10,13–16   65
10,42ff.   68
12,36   54
13,19.24   33
13,35.37   69
14,62   54

Lukas
1,77   23
2,7   26
2,9   84
3,3   23
6,13   16
7,31–35   26
7,47   61
8,43   75
11,2   22
11,4   61
11,31   26
16,9f.   56
17,7–10   66
24,47   23

Johannes
1,1–14   26
1,3.10   27
1,5   22
1,18   26
8,58   27
13,12–17   68
16,33   33

Apostelgeschichte
1,14   69

1,26	16	3,28	67.83	16,1–6	19
2,34f.	54	4,7	24	16,1	77
2,38	23f.	4,17	43	16,3–5	77
2,42	69	4,24	43	16,12	19
3,6	63	5,1–5	18	16,21–23	73
4,10	63	5,1f.	53	16,22	78
4,36f.	73	5,1	88		
5,31	23f.	5,2–5	11	**1. Korinther**	
8,12	74	5,3	33	1,2	15.76
9,36f.	73	5,8	33	1,11	77
10,43	23f.	5,9	30	1,23	31
10,47	24	5,10	32	1,24	26
12,12	73	5,12f.	24	1,26	59
12,25	73	5,12	24	1,27	60
13–15	73	5,21	24	1,30	23.89
13,5	73	6,1–11	24.53	2,1–8	26
13,13	73	6,1–6	88	2,6f.10	34
13,38	23	6,2ff.	54	2,6–9	35
14,12f.	81	6,2	50	2,7	70
14,27f.	69	6,4f.	43	3,3	21
15,23–29	82	6,4	21.42	3,5	19.72
15,29	83	6,6f.	42	3,6	39
15,37.39	73	6,6	57f.	3,9	39
17,22–31	79	6,8	11	3,21–23	85
19,8	74	6,11	16	4,1	70
19,13–20	81	6,13.19	55	4,9–12	34
19,23–40	81	6,23	16	4,21	60
19,32.39	64	7,7ff.	24	5,1	56
20,4	72f.	7,7f.	56	5,3f.	37
20,7	83	7,9–13	43	5,4	63
20,17–38	72	8,5	54	5,12f.	70
20,29f.	12	8,11	43	6,9f.	23
20,31	69	8,15	22	6,11	31.63
22,3	81	8,17	67	6,13.16.18	56
24–26	9	8,23	23	6,14	43
26,18	23	8,29	28	7,15	16
27,2	73	8,32	33	7,21–24	66
28,16–31	9	8,33	60	7,29–31	85
28,23.31	74	8,34	54	8–10	83
		8,38f.	41.85	8,6	27
Römer		9,22	61	9,1	15
1,1–7	15	10,4	83	9,5f.	73
1,1–6	15	10,9	39	9,5	16
1,1	15.19.72	11,22	60	9,17	34
1,5	15.18.34	11,25	36	9,19–23	79
1,13	36	11,27	24	10,1	36
1,16f.	18	11,30	31	10,16	30
1,18	56	11,36	27	10,23–11,1	79
1,23	26	12	10	10,32	30
1,26	56	12,1f.	54	11,3	36
1,27	57	12,1	60	11,16	76
1,29	56f.	12,11	67	11,23–25	32
1,29–31	53	12,12	69	11,24	33
1,32	56	13,12	57	11,25	30
2,2	56	13,14	57f.	11,27	30
2,4	60f.	14,14f.20f.	47	12	10
2,5	56	14,14	47	12,1	36
2,11	67	15,19	34	12,12–30	29
2,12–16	67	15,22–32	71	12,12–27	27
3,24	23	15.23	72	12,13	58f.
3,25	23.30.32	16	17	12,21	11.29.49

12,27	29
12,28–30	62
12,31	61
13,1ff.	61
13,4	61
13,13	18
14,12	39
14,24f.	70
14,26	63
15	54
15,1	38
15,3	24.76
15,5	15
15,7	15
15,10	35
15,12ff.	54
15,17	24
15,20.23	27f.
15,23	54
15,24f.	23
15,25	30.54
15,50	67
16,1–4	76
16,2	83
16,5–12	71
16,9	69
16,13	69
16,19f.	77
16,21	78

2. Korinther

1,1	16
1,3	60
1,4.8	33
2,12f.	71
2,12	69
3,6	72
4,4	26
4,16	57
5,11	67
5,19ff.	31
6,4	72
6,6	61
7,5–16	71
9,8	21
10–13	80
10,10	37
11,13	80
11,23–33	34
11,26	80
13,12	73
13,13	78

Galater

1,1	15.43
1,2	16.30.76
1,3–5	15
1,4	24
1,6	46
1,8f.	80

1,10	19.72
1,11–16	15
1,13	30
1,23	31
2,1–10	13
2,1.13	73
2,4	80
2,5	13
2,11–21	13
2,17	16
2,20	16
3,1	31.46
3,10–12	67
3,27f.	58
3,27	41.57f.
3,28	58f.64
4,1–11	40
4,6	22
4,8ff.	32.84
4,8–11	79
4,8–10	83
4,10	47
5,13.25	39
5,15	39
5,16	21.56
5,19–23	53
5,19	56
5,20	57
5,21	23.67
5,22	60f.
5,23	60
6,1	60
6,11	78
6,17	34

Epheser

1,1	76
1,18	22
1,20	54
1,22	29
2,2	21.34.56
2,6f.	16
2,7	60
2,10	16.21
2.11–13	31
2,14–18	28
2,15	44.58
2,19	22
2,20	62
4,1	21
4,2	60
4,11f.	62
4,15f.	49
4,24	55
5,6	55f.
5,15f.	70
5,22–6,9	53.64
6,9	67f.
6,21f.	78
6,21	72
6,23f.	78

Philipper

1,1	16.19.72
1,15–18	80
2,1	60
2,3	60
2,6–11	25.31.60.63
2,25	19
3,2–4,1	87
3,2	39
3,4–8	32
3,18	80
3,20	22
4,10–20	71
4,15	17
4,18	19
4,21	73

1. Thessalonicher

1,1	15f.
1,2	18
1,8	62
1,9f.	79
1,10	56
2,13–16	79
2,13	18
2,16	24
3,13	54
4,6	56
4,12	70
4,13–18	54
4,13	79
4,15	54
5,5	22
5,6	69
5,17.25	69

2. Thessalonicher

3,17	78

1. Timotheus

1,17	26
2,7	16
4,1–3	12
4,3f.	51
6,11	60
6,16	22
6,21	78

2. Timotheus

1,11	16
4,3f.	83
4,6–18	71
4,10f.	75
4,11	73
4,12	72
4,22	78

Titus

1,1	72
1,15	47
2,2–10	64

3,4	60	2,18–3,7	53.64	*Weitere Schriften*
3,12	72	2,21	33	
3,15	78	4,12–19	11.71	1. Clemensbrief
		5,8	69	47,1ff. 17
Philemon		5,13	73	
1	16			Henoch
2	77	2. Petrus		61,10 22
11	72	1,1	76	
15f.	66	3,4	54	Oden Salomos
16	72	3,15f.	76	7,13 28
21f.	71.73	3,15	72	
23f.	75			Philippus-Evangelium
23	9.19.73	Judas		§ 123 42
24	73–75	1	72.76	
				Philo v. Alexandria
Hebräer		1. Johannes		Über die Einzelgesetze
1,13	54	1,5	22	I,81 26
11,27	26	1,6f.	21	
		3,2	54	Pistis Sophia
Jakobus		4,2	41	139 28
1,1	76			
1,16.19	72	Offenbarung		Qumran
2,5	72	1,5	28	1 QS XI 7f. 22
2,14f.	16	1,10	83	
5,11	60	3,14–22	75.81	Thomas-Evangelium
		6,16f.	56	Logion 53 42
1. Petrus		13	11	
1,1	72.76	13,11–18	71	
2,13–17	64	16,15	69	

Stichwortregister

Altes Testament, 86f.
Antiochia, 13
Apuleius, 48
Archippus, 77
Aristarchus, 73
Aristoteles, 39.64–66
Artemis, 81
Askese, 47.51f.
Athen, 79

Barmer Erklärung, 81f. 88f.
Barnabas, 73
Beschneidung, 41f.58f.82

Caesarea, 9f.
Christus, Christologie,
  25–31.36f.40f.43.53f.68.89
  (siehe auch das Inhaltsver-
  zeichnis)

Demas, 75
Domitian, 11

Echtheitsproblem, 10–14
Einst-Jetzt-Schema, 31f.55
Engel, 27.48f.84
Epaphras, 9f.18–20.72–75
Epaphroditus, 19
Ephesus, 9.19.72
Epiktet, 74
Eschatologie, 33.47.53f.
Evangelium, 18f.32

Fest(vorschriften), 47.82f.
Finsternis, 22f.
Friede, 28f.61f.

Galatien, 80
Gerechtigkeit, 21.80.83
Gericht, 56.67
Gesetz, 10.21
Glaube, 18f.32.39f.43
Gnosis, 42.49.57f.80f.83f.

Hierapolis, 11.19.74f.
Hoffnung, 11.18.22

Ignatius, 72
Isis, 48

Jerusalem, 13.73.80
Jesus Justus, 73–75

Kirche, 10f.16f.19.27.29f.
  33f.36.47.49.62.64,68f.82.
  87f.
Kolossä, 9.17.80f. u.ö.
Korinth, 17.30.76.80

Laodicea, 9.11.13f.17.19f.
  30.35f.38.74–77.80f.84f.
  88
Liebe, 18–20.61.65
Lukas, 75

Marcion, 77
Markus, 73
Milet, 12
Mysterienreligion, 48f.81.
  84.87

Nympha, 76f.

Onesimus, 9.72.75.77

Papias, 74
Paulusbild, 11.33–35.37f.
  69–72.86.88
Perge, 73
Petrus, 13.73
Philemon, 72
Philippi, 30.76.80
Philo, 65f.
Philosophie, «kolossische
  Ph.», 39–42.45f.82–89
Plato, 39
Politik, 64.85

Rechtfertigung(slehre), 10.
  21.53.67.86.88
Rom, 9f.12.17.36.45.73

Schöpfung, 26–29
Sklaven, 58f.66f.
Speisevorschriften, 46f.82f.
Stoa, 39.63f.
Sünde, 23f.42f.50

Tacitus, 13.74
Taufe, 11.16.24.41–43.50.
  58.87
Thessalonich, 30.73.76
Timotheus, 11.16.73
Tod, 43
Tychikus, 72

Vollkommenheit, 35.74.86

Weisheit, 21.26.34f.37.51.
  70.87
Welt, 27.50f.58.85